고난이 하는 일

IVP(InterVarsity Press)는
캠퍼스와 세상 속의 하나님 나라 운동을 지향하는
IVF(InterVarsity Christian Fellowship)의 출판부로
생각하는 그리스도인을 위한 문서 운동을 실천합니다.

고난이 하는 일

위드 코로나 시대의 그리스도인에게

박영선

Ivp

일러두기
1. 이 책은 2020년 7월 9일 인천 송월교회 당회실에서 강의한 저자의 일병목회강좌 시리즈 "코로나 시대의 목회자"를 기본으로 삼아 편집했습니다. 더불어 저자의 "다시 보는 요한복음" 설교와 인터뷰로 그 내용을 보충했습니다.
2. 본문에 인용한 성경은 개역개정판을 기본으로 삼되, 저자의 의도에 따라 개역한글판도 사용했습니다.
3. 저자 특유의 강연 언어와 재치 있는 예화를 살리기 위해 입말체를 사용하여 편집했습니다.

차례

들어가는 글		7
1장	왜 고난이 있는가?	11
2장	고난이 하는 일	25
3장	답이 없는 시대	35
4장	절정과 긴장	47
5장	순교보다 일상	61
부록 1	2021년 남포교회 여름 수련회 특강 _ 고난의 얼굴에 비친 하나님의 영광	81
부록 2	저자 인터뷰 _ 침 삼킬 동안도 놓지 아니하시는 분	97

들어가는 글

그리스도인들이 위드 코로나 시대를 살아갈 때, 가장 우려되는 것은 하나님께 열심히 기도하여 빠른 회복을 얻자는 태도입니다. 이때 마음에 두는 '회복'에는 재난이 어서 빨리 소멸되는 것 이상의 상상력은 없습니다. 우리가 회복하여 돌아갈, 코로나 이전의 세상이 어떤 것도 더 필요 없는 완벽한 곳이었다고 무의식적으로 가정할 뿐입니다.

히브리서에서는 "징계는 다 받는 것이거늘 너희에게 없으면 사생자요, 친아들이 아니니라"(12:8)라고 합니다. 징계는 도덕적 차원에 국한되는 것이 아니라, 자라나서 성숙하여 실력 있는 데에까지 이르도록 편달하는 일입니다. 아무런 고민이나 책임도 없는 상태를 평안과 형통이라고 생각한다면 징계를 받아야 합니다.

욥기는 욥이 의인이라는 사실로부터 시작됩니다(욥 1:1). 그런 면에서 이 책은 욥이 무엇을 잘못했는가는 애초에 초점이 아닙니다. 초점은 욥이 이유 없는 고난으로 어디까지 나아가느냐에 있습니다. 그는 고난을 겪으며 자신과 하나님에 대해 다시 생각하게 됩니다. 욥은 하나님을 원망합니다. 이것이 가장 중요한 대목입니다. 삶이 편할 때는 더 이상의 생각이나 소원이 없습니다. 하나님과의 관계도 익숙한 습관 같은 것에 머물게 되지요. 욥은 지금의 고난을 해결할 수도 없고 외면할 수도 없어 하나님을 원망하는데, 그가 아는 하나님은 불공정한 분일 리 없습니다. 결국 욥은 하나님께 죽겠다고 대듭니다. 죽겠다는 결심을 하자, '그럼, 하나님은 왜 이러실까'라고 묻는 자리로 떠밀려 나오고, '전능하신 분이 왜 나 같은 것에 신경을 쓰실까?'로 나아가며, '하나님과 나와의 관계는 어디까지일까?'라는 물음에까지 올라섭니다.

하나님은 욥에게 창조 세계를 보이십니다. 욥은 지금 관광을 하는 것이 아닙니다. 하나님은 그를 후사(後嗣)로 대접하여 창조와 영광의 기업을 가르치십니다. 이 일을 '왜 고난을 통해 하셔야 하는가' 하고 묻는다면, 하나님의 자녀는 책임을 지는 존재여야 하기 때문입니다.

성경은 기독교의 가장 중요한 주제를 사랑과 믿음이라고 가르칩니다. 이 두 가지 일은 인격과 인격, 곧 자유인과 자유인의 관계에서만 성립합니다. 쌍방은 존재론적 고하(高下)는 있을지라도 관계성에서 대등해야 합니다. 만일 둘 사이에 관계성에서 우열의 차이가 있으면 사랑은 동정이 되고 믿음은 강요가 될 것입니다.

책임을 지려면, 결정권과 선택권이 전제되어야 하고, 결정과 선택은 기회가 주어져야 실행될 수 있습니다. 성경은 이스라엘이 결정할 때마다 어떻게 실패하는지를 보여 줍니다. 여기에 구약의 의도가 있습니다. 우리보고 그들의 실패에서 배우라는 것이지요. 선택을 잘하려면 경험이 있어야 하는데, 경험은 잘한 행동만으로 채워지지 않습니다. 하나님의 창조의 영광에 참여하려면, 많은 경험을 거쳐 바른 선택을 할 줄 아는 자리에 이르러야 합니다.

하나님은 우리를 소모품이나 도구로 대하시지 않습니다. 그분은 우리가 자라나 실력이 생기고, 하나님을 만족하고 기뻐하는 명예와 영광의 위대한 자리에 이르라고 부르십니다.

신앙 인생에서 일어나는 실패와 자책을 다만 회개로 지워서는 안 됩니다. 그 실패들이 다음을 위한 실력과 지혜가 되는 데에까지 나아가야 합니다. 결벽과 완벽에 묶여 자신은 아무것도 시도하지 못한 채로, 이웃에 대해서는 비평과 해설, 심판과 중계만을 일삼는 변명의 자리에 머물지 말아야 합니다. 자기 인생을 살아 내는 경기자가 되어 자신의 어리석음과 후회, 낙심, 체념, 원망에 휩쓸려 책임을 묻어 버리는 인생을 거부하십시오. 하나님의 임재 앞에 살아 있는 삶을 사십시오.

기독교는 창조와 부활이라는 거대하고도 놀라운 기적이 핵심입니다. 믿음이란 이 기적을 만드는 하나님의 의지와 우리의 성숙입니다.

박영선

1장

왜 고난이 있는가?

오늘날 세계는 코로나19로 몸살을 앓고 있고, 이 세대는 한 번도 겪어 보지 못한 어려움에 처했습니다. 이 팬데믹(pandemic, 전염병이 전 세계적으로 크게 유행하는 현상) 상황은 그리스도인들에게 '이 고난이 어디에서, 왜 왔으며, 무슨 의미가 있는가'를 생각하게 합니다. 지금은 이러한 질문이 중요한 때입니다. 현재 우리가 겪는 고난은 역사와 현실을 이해하고 하나님의 일하심을 이해하는 데 빠질 수 없는 요소이기 때문입니다.

우리는 다 이분법적 신앙관을 가지고 있습니다. 쉽게 말하자면, 잘하면 복받고 잘못하면 벌받는다는 인과응보(因果應報)의 신앙관이 우리에게 뿌리 깊게 박혀 있습니다. 그래서 어떤 문제를 대면하든 "잘못했으니까 벌받는 거야. 회개해"라는 말이 으레 나옵니다. 하지만 성경은 이와 같은 우리의 신앙관과는 전혀 다르게 이야기합니다. 특히 '고난'을 중심 주제로 삼고 있는 예레미야서는 우리의 이해나 기대와 사뭇 다르게 펼쳐집니다. 사람들은 예레미야에게 '눈물의 선지자'라는 별명을 지어 주었습니다. 예레미야는 왜 그렇게 울었을까요? 그 이유가 예레미야서에 적나라하게 기록되어 있습니다.

예레미야의 활동

이스라엘 역사에는 아주 놀랍고 커다란 두 사건이 있습니다. 하나는 이스라엘 백성이 출애굽하는 사건이고, 또 다른 하나는 이스라엘 백성이 바빌론 포로가 된 사건입니다. 출애굽 사건은 우리가 이해하거나 적용하는 데에 큰 어려움이 없습니다. 그러나 바빌론 포로 사건을 이해하고 그 의미를 파악하는 것은 그리 간단하지 않습니다.

북 왕국 이스라엘은 주전 722년에 망했습니다. 그러나 다윗 왕조를 유일한 왕권으로 인정하는 이스라엘 민족에게 북 왕국은 정통 왕권이 아닙니다. 북 왕국은 왕조가 계속 바뀌지만 남 왕국 유다는 다윗 왕조의 명맥을 이어 갑니다.

이스라엘 백성이 바빌론 포로가 된 결정적 원인으로 거론

되는 왕은 므낫세(주전 697-642년)입니다. 므낫세는 55년간 악정을 행할 뿐 아니라 우상을 섬기고, 심지어 많은 산당까지 지어 백성을 그릇된 길로 이끕니다. 특히 바알 숭배를 장려하여 자기 아들을 희생 제물로 바치기까지 했습니다. 그는 하나님을 배반하는 일에 두려움이 없었기에 하나님은 격노하십니다. 결국 그는 하나님이 남 왕국 유다를 멸하기로 작정하시는 결정적 계기가 됩니다.

므낫세는 히스기야의 아들입니다. 히스기야는 남 왕국 유다에서 손꼽히는 선한 왕입니다. 그런데 히스기야의 아들 므낫세가 우상을 섬기면서 하나님을 배도했다는 것은 우리로서는 이해할 수 없는 상황입니다. 그러나 성경은 이러한 이해할 수 없는 상황을 기록하고 있습니다. 므낫세의 아들은 아몬이고 그다음 아들은 바로 그 유명한 요시야입니다.

주전 639년(혹은 640년) 여덟 살에 왕이 된 요시야는 그의 할아버지(므낫세)와 아버지(아몬)와 달리 선정을 베풀고, 모든 산당을 헐며 우상을 찍어 버리고, 모든 율법과 절기를 제대로 지킵니다. 말하자면 남 왕국 유다에 신앙의 부흥기를 가져옵니다. 이렇게 요시야가 종교개혁을 철저히 단행함으로써 남 왕국 유다의 앞날은 창창해 보였습니다. 그러나 주전 609년 요시야는 므깃도에서 이집트 왕 바로 느고와의 전투에서 사망하고 맙니다.

요시야의 아들 여호아하스가 왕위를 이었으나 왕이 된 지 3개월 만에 이집트 왕 바로 느고와 싸우다 져서 이집트로 끌려가서 그곳에서 죽습니다. 여호아하스가 이집트에 잡혀갔을 때 그의 뒤를 이은 왕은 여호야김입니다. 그는 요시야왕의 둘째 아들입니다. 그는 11년 동안 왕위를 지킵니다. 그 시기(주전 605년)에 이집트 왕 바로 느고가 갈그미스 전투에서 바빌론 왕 느부갓네살에게 패합니다. 이집트 치하에 있던 유다가 바빌론 치하에 들어갈 무렵, 여호야김은 외교적 선택을 잘못하여 바빌론에 의해 짓밟히고 퇴위를 당합니다. 그리고 그의 아들 여호야긴이 여덟 살에 왕위에 오릅니다. 그러나 그도 바빌론을 배신하는 바람에 3개월 만에 퇴위당합니다.

그 후 여호야긴의 아버지 여호야김의 동생, 곧 요시야의 막내아들인 시드기야가 마지막 왕위를 잇습니다. 결국 그도 나라를 다시 일으키지 못하고 맙니다. 주전 609년에 요시야왕이 죽고 주전 586년에 남 왕국 유다가 망했습니다.

여기서 궁금한 점이 있습니다. 므낫세의 폭정이나 잘못이 유다 멸망의 가장 큰 원인이었다면, 요시야왕의 종교개혁으로 남 왕국 유다는 큰 복을 받아야 하는 것이 아닐까요? 구약성경을 보면, 하나님은 그분의 계명을 잘 지키는 자에게는 천 대까지 은혜를 베풀고, 계명을 잘 지키지 못하면 삼사 대까지 죄를 갚는다고 하셨습니다(출 20:5-6; 34:7; 신 5:9-10). 그러나 남 왕국 유다는 종교개혁을 한 요시아왕 이후 23년 만에 망했습니다. 예레미야는 이렇게 요시야를 비롯하여 그의 아들 셋과 손자 하나가 죽는 남 왕국 유다의 비극적인 시기에 활동했던 선지자입니다.

실패와 눈물의 선지자, 예레미야

예레미야는 주전 626년 즈음에 선지자로 부름받고 유다가 망할 것이라고 예언하기 시작합니다. 이스라엘 백성들은 그의 예언을 듣기 싫어합니다. 우선, 당시 남 왕국 유다는 요시야왕이 종교개혁을 단행하여 나라가 안정되는 시기였습니다. 그러한 남 왕국 유다가 우상을 섬기는 이방 민족에 의해 망한다는 예레미야의 예언은 이스라엘 백성에게 더더욱 이해되지 않았습니다. 그들은 예레미야를 심하게 핍박했습니다. 예레미야는 그들에게 매를 수없이 맞고, 땅 판 구덩이에도 갇히고, 조롱도 당하면서 매우 힘들게 선지자 노릇을 합니다.

본래 하나님이 그분의 백성들을 꾸중하시기 위해 세우는 사람이 선지자입니다. 그리고 선지자들은 하나님의 말씀에 따라 백성에게 가서 그들의 잘못을 지적하고 회개하라고 전합니다. 하지만 잘못을 지적하고 회개를 선포한 선지자 가운데 성공한 경우는 요나밖에 없습니다. 요나만 니느웨성에 가서 그곳 사람들의 잘못을 지적하고 회개를 이끌었고, 나머지 선지자들은 다 실패합니다.

우리가 예레미야서를 읽기 어려워하는 이유는 유다의 범죄와 벌받아 마땅한 잘못을 꾸짖는 내용이 여러 장에 걸쳐 너무 반복적으로 나오기 때문입니다. 당시와 전후 역사를 다 알고 있는 우리도 그 내용을 읽기조차 힘들어하는데, 당시 예레미야가 이를 몸소 행한다는 것은 쉽지 않았을 것입니다.

이스라엘 백성들은 예레미야의 예언을 말이 되지 않는다며 받아들이지 않습니다. "선지자여, 생각해 보시오. 하나님을 섬기고 그분의 선민인 우리가 이방신을 섬기는 나라에 질 뿐 아니라 하나님의 성전이 훼파되고, 영원한 왕권을 약속받은 다윗 왕가가 무너지는 일이 일어날 수 있다는 말이요?"라고 백성들은 반문하며 예레미야의 예언을 거부합니다.

이에 예레미야는 이스라엘 백성에 당하는 무시와 고초를 하나님께 호소합니다. 그러나 하나님은 "모세와 사무엘이 내 앞에 섰다 할지라도 내 마음은 이 백성을 향할 수 없나니 그들을 내 앞에서 쫓아 내보내라"(렘 15:1)라고 하시며, 이스라엘 백성을 용서할 마음이 없음을 분명히 하셨습니다. 예레미야는 하나님과 이스라엘 백성 사이에 껴서 조롱거리가 되고 있음을 한탄합니다.

여호와여, 주께서 나를 권유하시므로 내가 그 권유를 받았사오며, 주께서 나보다 강하사 이기셨으므로 내가 조롱거리가 되니 사람마다 종일토록 나를 조롱하나이다. 내가 말할 때마다 외치며 파멸과 멸망을 선포하므로 여호와의 말씀으로 말미암아 내가 종일토록 치욕과 모욕거리가 됨이니이다. (렘 20:7-8)

예레미야의 한탄을 쉽게 표현하자면 이런 것입니다. "하나님이 저를 속이셨습니다. 하나님은 마음대로 고집을 부리시니 제가 이 꼴이 되어 조롱과 수치를 당하고 있습니다"라고 하소연하는 것입니다. 유교 개념이 강한 한국 교회 분위기에서는 잘못을 지적하는 것을 큰 임무이자 굉장한 의미로 받아들입니다. 하지만 선지자는 하나님과 백성 사이에서 중재를 해야 하는 존재입니다. 백성을 회개시키고 하나님의 마음을 누그러뜨려야 합니다.

이러한 중재는 모세에게서 가장 잘 드러납니다. 그래서 하나님이 예레미야에게 "모세와 사무엘이 내 앞에 섰다 할지라도"(렘 15:1)라고 말씀하신 것입니다. 모세는 두 번이나 하나님과 백성 사이에서 중재에 나섰습니다. 모세가 하나님의 부르심으로 시내산에 올라가 있는 동안 이스라엘 백성은 금송아지를 만들었습니다. 그때 하나님이 모세에게 "내가 그들에게 진노하여 그들을 진멸하고 너를 큰 나라가 되게 하리라"(출 32:10)라고 하셨습니다. 그때 모세가 하나님께 다음과 같이 간구하여 그분의 뜻을 돌이킵니다.

> 여호와여, 어찌하여 그 큰 권능과 강한 손으로 애굽 땅에서 인도하여 내신 주의 백성에게 진노하시나이까? 어찌하여 애굽 사람들이 이르기를 '여호와가 자기의 백성을 산에서 죽이고 지면에서 진멸하려는 악한 의도로 인도해 내었다'고 말하게 하시려 하나이까? 주의 맹렬한 노를 그치시고 뜻을 돌이키사 주의 백성에게 이 화를 내리지 마옵소서. 주의 종 아브라함과 이삭과 이스라엘을 기억하소서. 주께서 그들을 위하여 주를 가리켜 맹세하여 이르시기를 '내가 너희의 자손을 하늘의 별처럼 많게 하고 내가 허락한 이 온 땅을 너희의 자손에게 주어 영원한 기업이 되게 하리라' 하셨나이다. (11-13절)

또한 이스라엘 백성이 가데스바네아에서 가나안 땅을 정탐한 후, 여호수아와 갈렙을 제외한 열 명의 정탐꾼이 부정적이고 과장된 보고를 하자 백성들이 그 땅에 들어가지 못하겠다고 아우성친 때가 있었습니다. 그때 하나님이 모세에게 "이 백성이 어느 때까지 나를 멸시하겠느냐? 내가 그들 중에 많은 이적을 행하였으나 어느 때까지 나를 믿지 않겠느냐? 내가 전염병으로 그들을 쳐서 멸하고 네게 그들보다 크고 강한 나라를 이루게 하리라"(민 14:11-12)라고 하셨습니다. 이때도 모세는 하나님께 이스라엘 백성을 위해 이렇게 간구합니다.

> 애굽인 중에서 주의 능력으로 이 백성을 인도하여 내셨거늘, 그리하시면 그들이 듣고 이 땅 거주민에게 전하리이다. 주 여호와께서 이 백성 중에 계심을 그들도 들었으니, 곧 주 여호와께서 대면하여 보이시며 주의 구름이 그들 위에 섰으며 주께서 낮에는 구름기둥 가운데에서, 밤에는 불기둥 가운데에서 그들 앞에 행하시는 것이니이다. 이제 주께서 이 백성을 하나같이 죽이시면 주의 명성을 들은 여러 나라가 말하여 이르기를 '여호와가 이 백성에게 주기로 맹세한 땅에 인도할 능력이 없었으므로 광야에서 죽였다' 하리이다. 이제 구하옵나니, 이미 말씀하신 대로 주의 큰 권능을 나타내옵소서. 이르시기를 '여호와는 노하기를 더디하시고 인자가 많아 죄악과 허물을 사하시나 형벌 받을 자는 결단코 사하지 아니하시고 아버지의 죄악을 자식에게 갚아 삼사 대까지 이르게 하리라' 하셨나이다. 구하옵나니 주의 인자의 광대하심을 따라 이 백성의 죄악을 사하시되 애굽에서부터 지금까지 이 백성을 사하신 것같이 사하시옵소서. (민 14:13-19)

이러한 모세의 간구로 하나님은 심판의 뜻을 돌이키셨습니다. 그런데 예레미야는 선지자의 책무 중 이 중재에서 실패합니다. 백성은 회개하지 않고, 하나님은 그 뜻을 돌이키지 않 겠다고 하십니다.

여기에서 우리는 하나님이 선지자를 세우시는 이유가 백성을 회개시키는 것으로 드러나는 바와 같이 이스라엘을 하나님의 백성으로 인정하시려는 것이지, 잘잘못을 일일이 따져 잘하면 복을 주고 못하면 벌을 주려고 선지자를 세우신 것이 아니라는 것을 알 수 있습니다. 결국 예레미야는 은혜를 입었으니 잘해야 한다는 은혜 우위론과 잘못하면 언제든 벌을 받을 수 있다는 정의론 사이에서 그 둘이 충돌할 때 어떻게 해석을 해야 하느냐의 문제에 직면해 있습니다.

예레미야는 우는 수밖에 다른 방법이 없었습니다. 예레미야가 감성이 풍부해서 울었다고 이해하지 마십시오. 하나님과 인간의 고집이 충돌할 때는 도대체 어떤 해법이 있는가? '나는 해법이 없다'라는 것이 예레미야의 답변입니다. 이를 놓치지 말아야 합니다.

목적이 있는 포로 생활

문제는 회개해야 할 때에 남 왕국 유다가 회개하지 않았기 때문에 바빌론 포로 사건이 일어난 것입니다. 그런데 바빌론 포로라는 것이 포로 된 자들에게는 사뭇 이상해 보입니다.

포로가 되기 전에 이스라엘 백성이 하나님의 약속과 경고를 외면했기에, 이방 나라의 포로가 되는 벌을 받은 것은 인정하겠습니다. 그런데 포로가 된 후손들이 볼 때, 70년 동안 바빌론에서 여전히 자신들은 살아 있을 뿐 아니라, 하나님을 믿고 그분의 율법이 자신들에게 생생하게 전수되고 있으며 자신들은 그 약속의 말씀을 지키고 있는데, 현실은 계속 포로 생활을 하고 있다는 점이 그들을 힘들게 합니다.

바빌론에 의해 나라가 망하기 전에 선지자가 경고한 메시지에 회개를 했어야 하는가? 하나님이 마음을 돌이키셨어야 맞는가? 우리가 회개하지 않으면 하나님도 우리를 내버리는 것이 맞는가? 다윗의 왕권도 끊어지고 성전도 훼파되었는데, 여전히 백성들은 살려 놓으시고 율법을 지키고 있는 현실에서 그 역사를 어떻게 해석해야 하는가? 이것이 포로 이후 후손들의 겪는 고민이요 문제였습니다.

모세에게는 출생의 비밀이 있었습니다. 그런데 그 출생의 비밀로 인한 갈등은 모세가 몇 살 때 일어났나요? 자기가 히브리인이고 물에서 건져 올린 자라는 것을 알고 난 후, 이집트와 이스라엘 사이에서 어느 편을 들어야 하느냐의 갈등은 40세에 일어났습니다. 그러나 하나님은 모세에게 답을 주시지 않았습니다. 그는 너무 혼란스러워 미디안 광야로 도망갔습니다. 매일매일 이런 생각을 했을 것입니다. '하나님은 왜 나를 살려 놓았는가? 그분은 왜 아무런 답변이 없으실까?' 매일 반복되는 고민이었고, 답은 없지만 질문을 안 할 수 없었을 것입니다.

바빌론에서 포로 생활을 하는 이스라엘 백성에게도 이와 똑같은 일이 벌어진 것입니다. '하나님이 우리에게 포로 생활을 하도록 하실 거라면, 성전이 무너지고 다윗의 왕권이 끊어질 때 우리 민족을 완전히 없애시지, 왜 우리 민족을 이렇게 존속시키고 계시는가?'라고 거꾸로 물어볼 수밖에 없었을 것입니다.

역사는 우리의 기대와 논리를 넘어섭니다. 역사에는 '글쎄, 그런 일이 있었어'가 있습니다. 무슨 말인지 아시겠습니까? 있어서는 안 되는 일이 일어나고, 없었으면 좋았을 일이 일어나는 것이 역사입니다. 어떤 난해함이나 돌발성에 대해 놀라라는 의미가 아닙니다. 인간이 살면서 저지르는 일들은 우리의 상상을 넘어선다는 점을 인정해야 합니다. 하나님이 그런 역사를 계속 이끌고 계십니다. 그래서 우리는 이제 와서 "하나님, 왜 그러셨어요? 우리를 포기하실 것이 아니라면 그 일이 무슨 의미가 있나요?"라고 묻는 것입니다.

이 상황에 대해 이해를 돕기 위해 이렇게 상상해 보십시오. 부모가 제 자식이 말을 듣지 않는다고 보육원에 버렸습니다. 그런데 부모가 자식을 버리고 끝낸 것이 아니라 자식

몰래 보육원에 뒷돈을 댄 상황입니다. 그럼 자식들은 "그렇게 하실 거면 왜 버리셨어요? 한 대 때리고 데리고 계시지?"라고 하겠죠. 이와 비슷한 상황에 예레미야가 하나님께 여쭈는 것입니다. 하나님이 이스라엘 백성을 포로로 내버릴 정도의 행동을 취하신 것은 그들이 이해할 수 있는 그분의 사랑의 크기와 깊이가 그 정도이기 때문입니다. 하나님은 그때 그들의 형편에 따라, 수준에 따라 행하신 것이고 실력만큼 커 나가도록 기회를 주신 것입니다. 매를 때리고 심판을 하는 것이 하나님의 궁극적 목표가 아닙니다. 사랑과 승리가 궁극적 목표입니다. 벌을 받는 징계나 고난은 그 약속이 계속 진행되는 가운데 포함되어 있다고 이해해야 합니다.

우리 인생에 왜 고난이 있는가? 우리가 잘못해서 고난이 있습니다. 그렇다면 우리가 잘못한 것을 회개하면 되지 않는가? 그렇습니다. 회개하면 됩니다. 문제는 우리가 잘못한 것을 회개하지 않는다는 것입니다. 그러므로 '회개를 하면 되잖아'는 정답이 아닙니다. '회개를 하지 않을 때 일어나는 일들은 무슨 의미가 있느냐?'가 중요합니다. 앞서 언급했던 이분법으로 '네가 잘못했잖아, 네가 잘못했다고 하면 되잖아'라고 쉽게 이야기하는 것은 요시야입니다. 말하자면 요시야는 선한 왕이고 종교개혁을 이루었으나 하나님은 요시야의 개혁으로 끝내지 않으셨습니다. 그보다 더 들어가서 이스라엘이 바빌론의 포로가 되어야만 했습니다. 더 극심한 고난을 겪어야만 됩니다. 그래야 그분이 목적하시는 내용을 다 담을 수 있다고 해석하는 수밖에 다른 길이 없습니다. 지금 그런 역사가 일어난 것입니다. 오늘날 우리는 개혁만이 아닌 고난으로 더 나아가야 하는 상황에 처한 것입니다.

2장

고난이 하는 일

우리는 다 쉽게 살려고 합니다. 월터 브루그만은 그의 책 『다시 춤추기 시작할 때까지』(IVP)에서 우리에게 만연한 소비주의와 상업주의를 지적합니다.

> 우리는 **소비자 만족과 사소한 순종**이 서로 단절하는 문화에 속해 있다. 그러한 견고한 동맹은 **우리가** 자기밖에 모르는 삶을 포기하지 않는 것을 변명하고, 자기 필요와 욕구 말고는 관심을 기울이지 않는 행동 강령을 지키게 한다. (115면, 원저자 강조)

월터 브루그만이 언급한 대로, 소비주의와 상업주의는 자기 욕심을 따라 사는 것을 말합니다. 단지 도덕적인 부분을 지적한 것이 아니라 인간의 가치와 목적을 인간 스스로 정하는 차원 낮은 자세를 지적합니다. 하나님은 당신 백성이 다른 사람들을 상대로 이기고 물질로 만족하는 수준을 못 참으십니다.

우상 숭배의 의미

이러한 문제는 이스라엘이 구약 내내 우상을 섬긴 것과 결부되어 있습니다. 성경은 우상 숭배를 가장 큰 죄로 지적합니다. 사사기나 열왕기에서 언급하는 우상처럼 '바알'이나 '아세라'로 정의해서 될 문제가 아닙니다. 하나님이 가자고 하시는 곳으로 가지 않고 중간에 만족해 버리는, 인간의 가치와 운명에 타협하는 어떤 것을 모두 우상이라고 합니다. 자식이 다른 길을 가는 것을 보고 부모는 못 참습니다. 하나님은 우리에게 '이러한 짓을 하라고 만들지 않았다'고 하십니다.

만약 여러분의 자녀가 여러분에게 "걱정하지 마세요. 제가 학교 그만두고 나가서 껌 팔아 가지고 생활비를 대겠습니다"라고 한다면, 여러분은 어떻게 하시겠습니까? 이럴 때 부모는 자식을 혼내야 합니다. 부모가 이 말을 듣고 "오, 잘한다. 나가서 돈 벌어 와라" 한다면 나쁜 부모죠. 부모는 자식에게 "말도 안 된다. 내가 너보고 생활비 걱정하라고 했니? 네가 필요한 거 다 대줄 테니 걱정하지 마. 넌 공부만 열심히 해"라고 해야 정상입니다. 이 심정으로 하나님이 이스라엘에게 말씀하십니다.

우상 숭배 문제는 '절에 간다', '다른 신을 믿는다' 하는 그러한 싸움이 아닙니다. 하나님이 우리에게 목적하시고, 우리를 통해 얼마나 큰 것을 이루려고 하시는지에 대한 싸움입니다. '그것을 위해서 너희는 바빌론에 가라'라고 말씀하시는 것입니다.

깨달음의 시간, 바빌론 포로

이스라엘 백성은 바빌론 포로로 가서 무엇을 배웠을까요? 바빌론은 권력을 쥐고 있지만, 그 안에 가 보니 사상, 윤리, 도덕, 종교, 문화 등이 형편없었습니다. 폭력으로 도배되어 있었습니다. 폭력이 오래 못 가는 이유는, 폭력은 모든 인간을 붙들어 두기에는 턱없이 수준이 낮기 때문입니다. 힘으로 하는 일은 꼭 내부 반발이 생깁니다. 두목이 힘으로만 붙잡고 있는 조직은 제대로 운영될 수 없습니다. 여기에는 더 나은 큰 내용이 있어야 합니다. 그래야 조직원들이 복종을 합니다.

이스라엘 백성이 바빌론 포로로 잡혀가서 율법을 배우고 지키는 것은 중요하지 않습니다. 율법을 요구하시는 하나님이 얼마나 굉장한 분인지 아는 것이 중요합니다. 율법을 요약하면 십계명입니다. 하나님은 십계명을 두 돌판에 나누어 모세를 통해 이스라엘 백성에게 전하셨습니다. 첫 번째 돌판에 새겨진 네 가지 계명은 '하나님은 너희에게 충분하다'는 것입니다. 하나님 외에 너희를 충분하게 할 다른 신은 없다는 것이죠. 두 번째 돌판에 새겨진 여섯 가지 계명은 '네 필요를 네 옆에서 빼앗아 올 필요가 없다, 어디 가서 훔쳐 올 필요가 없다'는 점을 이스라엘 백성에게 알려 줍니다.

야곱은 약탈자입니다. 야곱은 자신의 필요를 전부 다른 사람의 것을 빼앗아서 채웁니다. 나중에 창세기 32장에서 하나님의 사자가 얍복 나루에서 야곱에게 묻습니다. "네 이름이 무엇이냐?" 이에 "저는 '약탈자'(야곱)입니다"라고 대답합니다. 하나님의 사자가 야곱에게 "다시는 네 이름을 '약탈자'라고 하지 마라"라고 합니다. 이 말의 뜻은 '도둑질하지 말고 강도질하지 말라'는 도덕적 이야기가 아닙니다. '넌 고아가 아니다. 네게 필요한 것은 내가 준다. 네 필요는 네가 채워야 하는 것이 아니다. 다시는 네 이름을 야곱(약탈자)이라고 하지 마라. 난 네 아비다'라고 하나님이 선언하신 것입니다. 그게 바로 이스라엘입니다. '자식 이기는 아비가 있느냐? 너는 나를 이기는 자다.' 이렇게 된 것입니다. 이는 우리 모두의 싸움입니다. 하나님이 우리에게 주시려는 것이 무엇인지를 알아야 하는 싸움입니다.

역사와 개념

역사는 순서를 따라 가장 간단한 개념부터 배워야 합니다. 역사, 곧 사건이 없으면 개념이 만들어지지 않습니다. 사건이 있어야 단어가 생깁니다. 일본의 메이지 유신은 '도쿠가와 막부'(에도 막부)가 정권 말기에 외세의 도전에 대응할 힘 곧 통치력을 잃고 무너지면서 발생했습니다. 당시 도쿠가와 막부는 서구 문명의 우월함에 가장 충격을 받았습니다.

당시 일본은 사무라이 정신을 가지고 있었고, 그에 대한 자부심이 컸습니다. 어떤 전투에서도 일본 사람이 질 일은 없을 거라는 자신감에 차 있었습니다. 그런데 미국 제독인 매튜 페리가 증기선 두 척과 함선 네 척을 끌고 와서 에도 외항 우라가만(현재 도쿄만)에서 개항을 요구합니다. 19세기 말에 미국의 가장 큰 사업 중 하나가 '물개잡이'였습니다. 알래스카에 가서 물개를 잡은 후 물개 가죽을 파는 것이 큰 장사거리였습니다. 당시는 범선과 동력선을 함께 쓰던 시기로 돛도 있고 증기 기관도 있는 배였는데, 그 배에 필요한 석탄과 물을 비축하고 쓸 수 있는 한도가 3개월이었습니다. 물개 잡이를 하다가 연료가 떨어지면 채워야 하는데, 알래스카에서 샌프란시스코로 가는 것보다 일본으로 가는 거리가 그 절반밖에 안 됩니다. 우리는 지도를 펴 놓고 보니까 일본이 더 멀어 보이는 것이지 실제로는 일본이 더 가깝습니다.

미국의 개항 요구는 돈을 줄 테니 석탄과 물을 달라는 의미였습니다. 그런데 도쿠가와 막부는 서구 문명이 들어오면 그들의 문명을 본 국민들이 자기들 땅이 지상 낙원이 아닌 줄 알고 정권이 무너질 수 있다고 판단했습니다. 그래서 문을 안 열고 대꾸도 하지 않았습니다. 결국 페리 제독이 대포를 쐈고, 그 대포 한 방에 개방을 하게 되었습니다.

왜요? 사무라이고 뭐고 눈앞에 적들이 있어야 싸울 수 있는데, 저 멀리서 '펑' 하고 대포를 쏘는데 어쩌란 말입니까. 일본은 그동안 섬이라서 좋았습니다. 외적이 쳐들어올 일이 없다고 생각했습니다. 그런데 대포를 겪어 보니 자신들의 땅이 여기저기 다 구멍이었던 겁니다. 아무데나 와서 쏘면 그만입니다. 전 열도를 다 지켜야 하는 것입니다. 그래서 도쿠가와 막부 정권이 무너지기 시작합니다.

당시 일본에 서구 문명이 들어오면서 제일 비상한 관심을 일으킨 것은 의학입니다. 그래서 네덜란드의 의학 서적이 번역되기도 했습니다. 또한 포르투갈로부터 대포와 총을 사들이고, 군함을 사들입니다. 그와 동시에 일본 내에서는 '막부가 무너지면 어떻게 할 것인가? 어떤 정치 체제를 가져야 할 것인가?'로 어찌할 바를 몰랐습니다. 그래서 천황을 중심으로 각 번(행정 구역)들이 내각을 구성하는 안을 만듭니다. 그

당시 사람들에게 '당신은 어느 편이냐?'고 물으면 답이 두 개밖에 없었답니다. 하나는 막부 편으로 기존 체제를 옹호하는 보수이고, 다른 한편은 진보였답니다. 다시 말해 '친막'과 '반막' 둘로 나뉘었다고 합니다.

이때 서구 문물이 일본에 들어오면서 루소의 평등주의 사상인 자유민권사상이 들어옵니다. 일본인들이 전혀 들어 본 적이 없는 국민의 권리, 인권과 같은 개념이 들어옵니다. 일본인들이 서양 사람들에게 '당신은 어느 편이냐?'고 물어보면 '둘 다 아니다'라고 했답니다. 이쪽저쪽도 아니고, 친막도 반막도 아니라고 말이죠. 일본 사람들은 '그런 게 어디 있냐'고 당황해했답니다.

그 당시 일본에는 '사상'이라는 단어가 없었습니다. 그저 정권에 순종하고 사는 것밖에 선택지가 없었습니다. 무력으로 정권을 잡고 정권 잡은 쪽에 순종하는 것 외에 다른 단어가 들어갈 곳이 없었던 것입니다. 그런데 개국을 하고 서구 문명이 들어오면서 '자유'라는 말과 '사상'이라는 개념이 생겼습니다. 구약이 왜 역사여야 하냐면, 당시 일어나는 사건마다 단어가 하나씩 늘기 때문입니다. 창세기 1장에서 11장까지에서 '절망'이 생겼습니다. 아브라함이 부름받음으로써 '믿음'은 원인과 결과의 법칙이 아닌 하나님의 새로운 창조의 확장임이 드러났습니다. 그렇게 단어를 만들어 나가야 합니다.

새 창조의 확장, 고난

우리는 은혜로 말미암아 예수를 믿었음에도 불구하고 '잘 믿고 못 믿고'라는 이분법에 얽매여 있습니다. 그렇게 되면 잘못하면 누구의 책임인지 묻지를 못합니다. 잘못하면 누구의 책임일까요? 하나님 책임일까요? 우리 책임일까요? 우리는 기도를 많이 했습니다. 그런데 응답이 없습니다. 회개를 했습니다. 그런데 답이 없습니다. 그러니 회개를 덜 해서 그렇다고 합니다. 이렇게 가면 욥기 내용으로 사는 겁니다.

욥은 자기가 모를 고난을 당하던 자입니다. 하나님이 욥을 들들 볶으십니다. 욥은 하나님께 "제가 뭘 잘못했나요? 왜 이러세요?"라고 묻습니다. 욥의 친구들은 그에게 와서 "네가 뭐 잘못한 게 있으니까 그렇지"라고 속을 긁습니다. 욥은 "그런 거 없다"고 하고, 친구들은 "그런 법이 어디 있냐?"고 핀잔을 줍니다. 이것이 고난이 하는 일입니다.

고난은 잘못에 대한 응징만 있는 것이 아니라 우리를 흔들어서 다음으로 나아갈 길이 있다는 것을 알려 줍니다. 여태껏 있던 자리에서 다음으로 넘어가는 것입니다. 월터 브루그만은 그런 면에서 아주 큰 공헌을 했습니다. 앞서 언급한 소비주의와 상업주의, 우리가 정한 가치와 만족에서 타협하고 체념하고 사는 것에 대해 아주 질색을 합니다.

우리가 울고, 열심히 기도하고, 이런 것들로 여기까지 왔습니다. 그런데 그걸로 답이 되지 않는 도전이 닥쳤습니다. 그런데 우리는 여전히 울고 열심히 기도하는 걸로 풀자고 합니다. 그러니까 계속 막혀 있는 것입니다.

3장

답이 없는 시대

욥의 항변

다시 한번 욥을 살펴봅시다. 욥은 까닭 모를 고난을 겪고 있습니다. 사탄의 시험으로 그는 자녀와 재산을 모두 잃습니다. 그의 아내가 "당신이 그래도 자기의 온전함을 굳게 지키느냐? 하나님을 욕하고 죽으라"(욥 2:9)라고 합니다. 이에 욥은 아내에게 "그대의 말이 한 어리석은 여자의 말 같도다. 우리가 하나님께 복을 받았은즉 화도 받지 아니하겠느냐?"(10절)라고 대꾸하며 입술로 죄를 범하지 않았습니다.

친구들도 욥을 위로하러 찾아옵니다. 그들이 멀리서 욥을 보았으나 욥인 줄 알아보지 못할 정도로 비참한 지경이었습니다. 밤낮 이레 동안 욥과 함께 있었습니다. 친구들 중 아무도 욥에게 일어난 일로 입을 열지 못했습니다.

욥기 중·후반부에 가면, 친구들이 욥의 속을 긁습니다. 이에 욥은 친구들에게 "너희들은 최소한 내 친구들이 아니냐? 내가 지금 이 고생을 하고 있는데, 나한테 와서 내게 잘못이 있다고 속을 박박 긁기나 하고 너희들이 내 친구가 맞냐?"라고 성을 내기도 합니다. 또한 친구들은 욥에게 "네가 잘못하지 않았는데 왜 고난이 있냐?"라고 묻기도 합니다. 욥은 "그게 내가 궁금한 부분이다"라고 대꾸합니다. 욥의 친구들은 그렇게밖에 할 수 없었습니다. 그들은 자신들의 틀에 갇혀 있기 때문입니다. 하지만 욥기 3장에서 친구들은 욥을 보고 아무런 말을 할 수 없었습니다.

이 지난한 시간 동안에 욥이 하나님께 원망을 하지 못해서 나온 대안이 '자살'입니다. "그 후에 욥이 입을 열어 자기의 생일을 저주하니라. 욥이 입을 열어 이르되, '내가 난 날이 멸망하였더라면…이는 내 모태의 문을 닫지 아니하여 내 눈으로 환난을 보게 하였음이로구나. 어찌하여 내가 태에서 죽어 나오지 아니하였던가? 어찌하여 내 어머니가 해산할 때에 내가 숨지지 아니하였던가?"(욥 3:1-10) 하며 자살을 수사적으로 표현합니다.

예레미야의 항변

이러한 상황은 예레미야에게서도 반복적으로 볼 수 있습니다. 예레미야가 "여호와여, 주께서 나를 권유하시므로 내가 그 권유를 받았사오며"(렘 20:7)라고 합니다. 본문을 직역하면 "주께서 나를 속이셨으므로"입니다. 예레미야는 하나님께 "하나님이 절 속이셔서 제가 속았습니다. 그런데 왜 이런 일을 계속 하고 있어야 합니까? 하나님이 저보다 고집이 세시고, 저보다 힘이 세셔서 하는 수 없이 이렇게 하고 있습니다"라고 고백합니다. 너무 절절해서 그동안 풀지 못한 응어리에 대한 서광이 비칩니다. 예레미야 20장 7절 이하를 읽어 봅시다.

> 여호와여, 주께서 나를 권유하시므로 내가 그 권유를 받았사오며, 주께서 나보다 강하사 이기셨으므로 내가 조롱거리가 되니 사람마다 종일토록 나를 조롱하나이다. 내가 말할 때마다 외치며 파멸과 멸망을 선포하므로 여호와의 말씀으로 말미암아 내가 종일토록 치욕과 모욕거리가 됨이니이다. 내가 '다시는 여호와를 선포하지 아니하며 그의 이름으로 말하지 아니하리라' 하면 나의 마음이 불붙는 것 같아서 골수에 사무치니 답답하여 견딜 수 없나이다. 나는 무리의 비방과 사방이 두려워함을 들었나이다. 그들이 이르기를 '고소하라. 우리도 고소하리라' 하오

며, 내 친한 벗도 다 내가 실족하기를 기다리며 '그가 혹시 유혹을 받게 되면 우리가 그를 이기어 우리 원수를 갚자' 하나이다. 그러하오나 여호와는 두려운 용사 같으시며 나와 함께하시므로 나를 박해하는 자들이 넘어지고 이기지 못할 것이오며, 그들은 지혜롭게 행하지 못하므로 큰 치욕을 당하오리니 그 치욕은 길이 잊지 못할 것이니이다. 의인을 시험하사 그 폐부와 심장을 보시는 만군의 여호와여, 나의 사정을 주께 아뢰었사온즉 주께서 그들에게 보복하심을 나에게 보게 하옵소서. 여호와께 노래하라. 너희는 여호와를 찬양하라. 가난한 자의 생명을 행악자의 손에서 구원하셨음이니라. **내 생일이 저주를 받았더면, 나의 어머니가 나를 낳던 날이 복이 없었더면, 나의 아버지에게 소식을 전하여 이르기를 '당신이 득남하였다' 하여 아버지를 즐겁게 하던 자가 저주를 받았더면, 그 사람은 여호와께서 무너뜨리시고 후회하지 아니하신 성읍같이 되었더면, 그가 아침에는 부르짖는 소리, 낮에는 떠드는 소리를 듣게 하였더면 좋을 뻔하였나니** 이는 그가 나를 태에서 죽이지 아니하셨으며 나의 어머니를 내 무덤이 되지 않게 하셨으며 그의 배가 부른 채로 항상 있지 않게 하신 까닭이로다. '어찌하여 내가 태에서 나와서 고생과 슬픔을 보며 나의 날을 부끄러움으로 보내는고' 하니라. (렘 20:7-18, 저자 강조)

우리도 다 겪는 고생입니다. 예레미야는 욥처럼 '하나님이 이렇게 다 해 주신다는 것을 저도 알고 있습니다. 그런데 저는 왜 태어나서 이 고생을 하고 있나요?'라고 묻고 있습니다.

고난이 일을 합니다. 고난이 요시야의 종교개혁으로 다 담을 수 없는 것을 담았습니다. 하나님이 '이 방법밖에 없다. 이렇게 하는 게 너희에게 복이다'라고 하십니다. 우리는 고난의 효과가 얼른 손에 잡히지 않기 때문에 힘듭니다. 히브리서 5장 7절 이하를 봅시다.

> 그는 육체에 계실 때에 자기를 죽음에서 능히 구원하실 이에게 심한 통곡과 눈물로 간구와 소원을 올렸고, 그의 경건하심으로 말미암아 들으심을 얻었느니라. 그가 아들이시면서도 받으신 고난으로 순종함을 배워서 온전하게 되셨은즉, 자기에게 순종하는 모든 자에게 영원한 구원의 근원이 되시고. (히 5:7-9)

우리가 고난을 제대로 이해하지 못하면, 예수 그리스도의 사역 곧 십자가도 어떤 지극한 정성으로 묻히고 맙니다. 십자가는 지극 정성보다 훨씬 큰 것입니다. 우리는 신앙생활을 하면서 '하나님은 왜 이런 일이 생기게 하셔서 나를 이렇게 고생시키시는가? 이 일만 일어나지 않았으면 얼마나 좋을까?'라고 생각할 때가 있습니다. 이때 우리는 '내가 그때 공부를 더 잘할걸' '그때 그 시험에 꼭 붙었어야 했는데' '그때 이 길로 가지 말았어야 했는데'라고 쉽게 결론을 내립니다. 하지만 이런 것들로 내 실력이 모자랐던 것에 대해 후회나 자책을 하지 말고 오늘을 살아야 합니다.

그때 우리 실력으로는 이길 수 없었던 것들이 남아서 우리의 힘이 됩니다. 자신이 잘한 것은 기억에 남지 않고 잘못한 것만 기억에 남습니다. 하지만 잘한 것은 우리에게 도움이 되지 않습니다.

하박국의 항변

잘못한 것을 씻어 버리려고 하지 마십시오. 그 잘못한 것 때문에 내가 어디로 더 나아가야 하는지, 하나님이 나를 어떻게 더 밀어내시는지에 대한 이해를 해야 합니다. 이에 걸맞은 선지자가 하박국입니다. 하박국은 유다 왕국 말기에 그 사회 전체가 최소한의 신앙심도 없고 행악자들이 너무 많다고 하나님께 불평을 했습니다. 이렇게 많은 악행과 악인으로 말미암아 의인들이 고통을 받는데 하나님은 왜 가만히 계신지 묻습니다. 그때 하나님은 이렇게 답하십니다.

여호와께서 이르시되 '너희는 여러 나라를 보고 또 보고 놀라고 또 놀랄지어다. 너희의 생전에 내가 한 가지 일을 행할 것이라. 누가 너희에게 말할지라도 너희가 믿지 아니하리라. 보라, 내가 사납고 성급한 백성 곧 땅이 넓은 곳으로 다니며 자기의 소유가 아닌 거처들을 점령하는 갈대아 사람을 일으켰나니, 그들은 두렵고 무서우며 당당함과 위엄이 자기들에게서 나오며 그들의 군마는 표범보다 빠르니 저녁 이리보다 사나우며 그들의 마병은 먼 곳에서부터 빨리 달려오는 마병이라. 마치 먹이를 움키려 하는 독수리의 날음과 같으니라. 그들은 다 강포를 행하러 오는데 앞을 향하여 나아가며 사람을 사로잡아 모으기를 모래같이 많이 할 것이요, 왕들을 멸시하며 방백을 조소하며 모든 견고한 성들을 비웃고 흉벽을 쌓아 그것을 점령할 것이라.' (합 1:5-10)

이는 하나님이 '내가 왜 가만히 있겠느냐. 내가 갈대아 사람을 일으켜서 너희 나라를 다 심판하겠다. 너희를 싹 쓸어버릴 것이다'라고 하신 것입니다.

하박국이 다시 하나님께 항변합니다. "아니 하나님, 어떻게 악당들을 심판하는데, 의인들까지 죽이려고 하십니까? 너무 억울하지 않을까요?" 이때 하나님이 "의인은 그의 믿음으로 말미암아 살리라"(합 2:4)라고 말씀하십니다.

"의인은 그의 믿음으로 말미암아 살리라"라는 말씀은 무슨 의미일까요? 그 일은 악한 자들에게 심판으로 올 뿐 아니라, 의인들에게도 오는데 의인들에게는 이 어려움 곧 고난이 일을 한다는 뜻입니다. 그러므로 하나님은 '너희는 멋있게 살라'고 하신 것입니다.

고난 가운데 사는 그리스도인

교회가 모든 문제를 이렇게 맞고 틀리고, 상과 벌을 받는 것을 구별하여 잘못했으면 회개하라고 쉬운 답을 내는 바람에 더 나아갈 수 없습니다. 지금 전 세계가 코로나19를 겪고 있는 것을 보면 이게 무슨 어느 사건이나 지역에 국한된 것이 아닙니다. 그냥 21세기 전 인류를 흔들어 놓고 있는 것입니다. 하나님이 창조 세계 전체에 대해 도전하시는 것입니다.

하나님은 믿는 자를 다르게 대해 주시지 않습니다. 믿지 않는 사람들을 벌하시는 걸로 신자를 구별하지 않으십니다. 지금 하나님은 전체를 향하여, 역사와 온 인류를 향하여 '이렇게 살면 안 된다. 인생을 더 깊이 생각하라. 너희가 지금 만족하는 것은 너희에게 답이 되지 않는다'라고 도전하십니다.

우리는 알았습니다. 강대국이라는 게 아무것도 아니라는 것을요. 전염병이 돌고 전 세계에 팬데믹이 선포되자 군사력·경제력으로 아무 일도 할 수 없다는 것을 보았습니다. 미국이든 중국이든 우리가 알던 어떤 선망의 대상들과 내용들이 다 무너졌습니다. 지금 방역에 있어서 세계 최고의 나라는 우리나라입니다. 가진 게 없는데 무엇이 최고인가요? 코로나19 유행 초기에는 우리나라에 오면 산다고 했습니다. 우리나라에 오면 코로나19 감염자도 금방 파악되고 코로나19 확진자가 되면 국가에서 다 치료해 줍니다. 어느 나라에서도 제대로 하지 않는 것을 했습니다. 이를 두고 우리나라가 '좋다' '잘났다'라고 할 것은 아닙니다. 일이 어떻게 돌아가는지 보라고 드리는 말씀입니다. 하나님이 일하십니다. 단순한 신앙으로 도망가지 말아야 합니다.

욥기 서두를 보면, 욥은 결벽증에 사로잡힌 것같습니다. 죄를 범하지 않으려고 하고 혹시라도 모르는 죄를 지었을까 봐 하나님께 제사를 드립니다. 가족 모두를 위해 제사를 지내서 충분한 보험을 들어 놓습니다(욥 1:4-5). 욥은 자기밖에 없습니다. 그렇기 때문에 욥기에 나오는 싸움의 내용도 자신의 억울함을 호소하는 게 거의 전부입니다. 그러다가 마지막에는 하나님이 욥에게 친구들을 위해 중보자가 되라고 하셔서 그 뜻을 따릅니다.

지금 우리가 해야 할 일, 다시 말해 한국 교회가 해야 할 일은 정치적·사회적·경제적 단어를 끌어들여 분석하고 판단하는 일이 아닙니다. 지금을 다 같이 겪어야 하고, 인류라는 공통된 어떤 가족으로서 책임을 져야 할 때입니다. 사람들에게 어떻게 힘을 줄 수 있는지는 우리에게 달려 있지 않습니다. 그러나 이런 일로 인해 그들을 정죄하고 우리는 무슨 면죄부를 받은 듯이 여기는 것은 잘못된 행동입니다.

교회가, 이 나라가, 이 민족이 지금 현실과 역사 속에서 인간이 어떻게 살아야 되는지를 구별해야 합니다. 하나님은 우리가 자신을 확인하기 위해 다른 사람을 정죄할 방법을 찾지 말고, 서로 동정하고 섬기고 함께 가는 최소한의 의리를 지키는 자로 살기를 원하십니다. 또 그렇게 하시기 위해 우리의 마음속에서 일하십니다.

하나님이 이렇게 열심히 일하신다는 것을 이해하고, 겸손과 눈물 어린 기도를 할 수 있는 유일한 증인으로서 자신을 생각하고 교회를 인도하기 바랍니다. 지금은 악인들이 심판받는 정도가 아니라 우리가 하나님의 일하심과 목적과 내용에 다가가는 자로 일어나야 할 때입니다.

쉬운 답을 내지 마라

야곱의 말년은 시시합니다. 얍복 나루 사건 이후의 야곱의 이야기는 쓸 만한 게 거의 없습니다. 디나 사건이 있고 요셉이 행방불명될 뿐입니다. 그러다 총리가 된 요셉의 도움으로 이집트에 온 야곱이 바로에게 축복할 때, 인생의 최고 정점을 찍습니다. 바로가 기가 막혀서 야곱에게 피난민 주제에 왕에게 축복을 하는 것에 의문을 제기합니다. 이때 야곱은 "내 나그네 길의 세월이 백삼십 년이니이다. 내 나이가 얼마 못 되니 우리 조상의 나그네 길의 연조에 미치지 못하나 험악한 세월을 보내었나이다"(창 47:9)라고 답하며 바로를 축복합니다. 이에 대해 히브리서에서는 "논란의 여지 없이 낮은 자가 높은 자에게서 축복을 받느니라"(히 7:7)라고 전합니다. 이 부분은 개역개정판보다 개역한글판이 더 의미가 잘 다가옵니다.

> 폐일언하고 낮은 자가 높은 자에게 복빎을 받느니라.
>
> (히 7:7, 개역한글)

기독교 신앙을 우리가 쉽게 생각하는 단순 공식이나 논리로 생각하지 마십시오. 하나님이 우리의 한계를 깨우치실 때마다 우리는 자책하고 어떤 결벽 같은 것으로 원래 자리로 쉽게 돌아가지 못할 수 있습니다. 그러나 그런 것들이 일을 하여 인간성과 인생에 대해서 깊은 이해를 갖도록 합니다. 그러므로 짐을 지고 인내하고 그 안에 하나님의 일하심을 누리는 그리스도인이 되기를 바랍니다. 그러한 결론으로 한 걸음 다가가는 발전이 있기를 바랍니다.

4장

절정과 긴장

어떤 사건이나 도전으로 우리는 절망에 빠지거나 자책을 합니다. 그것 때문에 우리는 그동안 안심하고 지내던 울타리에서 벗어나게 됩니다. 절망의 사건이 없었으면 안주하고 말았을 것입니다. 목사들도 목회가 잘 되면 더 이상 생각을 하지 않습니다. 설교도 밤낮 똑같은 내용으로 본문만 바꿔서 고함만 지르다 강대상에서 내려올 뿐입니다. 성도들은 그런 설교를 제대로 듣지 않습니다. 질문이 없는데 무슨 답을 찾으려고 하겠어요. 이미 답은 좋은데 말이죠. 반응과 상관없이 목사만 혼자 열정적이면 성도들에게 "오늘 우리 목사님 왜 그래? 무슨 일 있어?"라는 소리를 듣습니다.

신앙이 현실로 들어와야 합니다. 고민으로, 불평으로, 절망으로까지 들어와야 안심 영역을 벗어납니다. 이것이 월터 브루그만이 『다시 춤추기 시작할 때까지』에서 하는 이야기입니다. 우리에게 고마운 일상이 별것 아니고, '과연 인생이 무엇인가?'라고 생각하는 게 굉장히 긍정적 영향을 미칩니다.

십자가의 능력

앞서 구약에서 '고난'의 가치를 이해했다면, 이제 신약에서 '고난'의 가치를 어떻게 소개하는지 살펴봅시다. 먼저, 요한복음 12장 20-27절입니다.

> 명절에 예배하러 올라온 사람 중에 헬라인 몇이 있는데, 그들이 갈릴리 벳새다 사람 빌립에게 가서 청하여 이르되 '선생이여, 우리가 예수를 뵈옵고자 하나이다' 하니 빌립이 안드레에게 가서 말하고 안드레와 빌립이 예수께 가서 여쭈니, 예수께서 대답하여 이르시되 '인자가 영광을 얻을 때가 왔도다. 내가 진실로 진실로 너희에게 이르노니, 한 알의 밀이 땅에 떨어져 죽지 아니하면 한 알 그대로 있고 죽으면 많은 열매를 맺느니라. 자기의 생명을 사랑하는 자는 잃어버릴 것이요, 이 세상에서 자기의 생명을 미워하는 자는 영생하도록 보전하리라. 사람이 나를 섬기려면 나를 따르라. 나 있는 곳에 나를 섬기는 자도 거기 있으리니, 사

람이 나를 섬기면 내 아버지께서 그를 귀히 여기시리라. 지금 내 마음이 괴로우니 무슨 말을 하리요? 아버지여, 나를 구원하여 이때를 면하게 하여 주옵소서. 그러나 내가 이를 위하여 이때에 왔나이다.'

요한복음은 연대순으로 기록되어 있지 않습니다. 사건별로 재편집한 형식입니다. 이 말씀은 예수님이 죽으시기 위해 마지막으로 예루살렘에 올라가신 때에 하신 말씀입니다. 요한복음 12장 앞부분에서는 유월절 엿새 전에 예수께서 베다니에 가셨습니다. 베다니는 예수님이 죽은 나사로를 살리신 곳으로 유명합니다. 그때 마리아가 비싼 향유를 예수님의 발에 붓고 자기 머리카락으로 닦는 장면이 나옵니다. 그 이튿날 예수님이 어린 나귀를 타고 예루살렘에 입성하십니다. 명절에 예배하러 올라온 사람 중에 "헬라인들"(20절) 곧 이방인들이 예수님을 찾아옵니다. 그들이 예수님을 찾아온 이유는 정말 메시아가 오셨는지 확인하려는 것이었습니다.

사람들이 증언하는 예수님의 기적은 정말 놀랍습니다. 문둥병자가 낫고, 중풍병자가 낫고, 귀신이 쫓겨나고, 바다가 잠잠해지고, 보리떡 다섯 개와 물고기 두 마리로 5천 명을 먹이셨을 뿐 아니라 죽은 사람까지 살리셨습니다. 이제 이방인들이 메시아를 확인하러 왔습니다. 그렇다면 여태껏 공생애

동안에 예수님이 행하신 기적들의 연장선상에서 보면, 앞서 행하신 기적보다 더 큰 일이 일어나야 할 자리입니다. 그러나 예수님은 그렇게 하지 않으셨습니다. 예수님은 희한하게 "인자가 영광을 얻을 때가 왔도다"(23절)라고 말씀하셨습니다.

예수님은 "영광"이라는 표현을 사용하셨는데, 그 영광은 십자가였습니다. 십자가는 그냥 죽는 자리가 아닙니다. 죽음에 대한 어떤 치열함이나 장렬함은 없습니다. 아주 수치스럽고 말이 안 되는 오해, 왜곡, 배신만이 있습니다. 우리는 십자가를 떠올릴 때, 십자가와 부활을 묶어서 생각합니다. 그래서 부활로 가기 위한 디딤돌로 십자가를 이해합니다. 하지만 원래 이 디딤돌은 이곳이나 저곳으로 갈 수 없는, 모든 것을 막아 버린 사건입니다. 그런데 예수님은 이를 영광이라고 말씀하셨습니다.

이런 면에서 창조와 부활의 하나님을 증언하는 신자로서 '하나님, 저에게 왜 이런 고난을 주셨어요?'라고 묻는 것은 '제 인생을 왜 이렇게 힘들게 하시나요?'라는 의미로 너무 믿음이 없는 질문인 것입니다.

바울의 능력

로마서 4장은 아브라함이 믿은 하나님이 어떤 분이신지를 다

루고 있습니다. '아브라함은 이런 하나님을 믿었다'가 아니라 '아브라함이 믿은 하나님은 이런 분이다'로 되어 있습니다. 아브라함의 믿음을 강조하기 위해서가 아닙니다. 아브라함이 믿은 하나님은 창조와 부활의 하나님이라는 것을 증언하고 있습니다.

창조는 우리가 금방 이해할 수 있습니다. 그렇다면, 부활은 무엇일까요? '죽어도 산다. 죽음이 더 큰 일을 한다. 혹은 죽음이 더 큰 일을 하게 할 수 있다. 우리가 아니라고 생각하는 것이 더 큰 일을 할 수 있다'는 반전을 만들어 내는 것이 부활입니다. 우리는 이러한 말들을 이해하려는 노력을 좀 소홀히 하는 것 같습니다.

고린도 교회가 바울에 대해 다음과 같이 시비를 걸었습니다. "당신이 정말 유일하시고 전지전능하신 하나님의 사자라면 최소한의 영광이라도 있어야 할 것 아니요? 그런데 우리 눈에는 당신에게 흠모할 만한 것도, 볼 만한 것도 없는 것 같소. 허구한 날 굶고 온갖 박해에 쫓겨 다니는 사람이 무슨 하나님의 사자라는 말이요?"라고 말이죠. 고린도후서 11장에서 바울은 자신이 얼마나 많은 고난을 받았는지를 이야기함으로써 그들에게 역습을 가합니다.

…내가 수고를 넘치도록 하고 옥에 갇히기도 더 많이 하고 매

도 수없이 맞고 여러 번 죽을 뻔하였으니, 유대인들에게 사십에서 하나 감한 매를 다섯 번 맞았으며, 세 번 태장으로 맞고, 한 번 돌로 맞고, 세 번 파선하고 일 주야를 깊은 바다에서 지냈으며, 여러 번 여행하면서 강의 위험과 강도의 위험과 동족의 위험과 이방인의 위험과 시내의 위험과 광야의 위험과 바다의 위험과 거짓 형제 중의 위험을 당하고, 또 수고하며 애쓰고 여러 번 자지 못하고 주리며 목마르고 여러 번 굶고 춥고 헐벗었노라.… 내가 부득불 자랑할진대, 내가 약한 것을 자랑하리라. (23-30절)

여기에서 바울은 고린도 교회 성도들에게 "당신들이 이야기하는 것보다 난 더 어렵게 지냈소. 그러나 이것이 하나님이 일하시는 방법이라는 것을 알았으면 하오"라고 전한 것입니다. 12장에서는 바울이 "여러 계시를 받은 것이 지극히 크므로 너무 자만하지 않게 하시려고 내 육체에 가시 곧 사탄의 사자를 주셨으니, 이는 나를 쳐서 너무 자만하지 않게 하려 하심이라"(7절)라고 말합니다. 바울은 "이것이 내게서 떠나가게 하기 위하여 내가 세 번 주께 간구하였더니, 나에게 이르시기를 '내 은혜가 네게 족하도다. 이는 내 능력이 약한 데서 온전하여짐이라' 하신지라"(8-9절)라고 덧붙입니다. 이것이 부활입니다.

그동안 우리는 부활을 '죽어도 산다'라고 너무 간단하게 정리함으로써, 오늘 죽을 것 같은 이 고난이 하는 일에는 기대를 하지 않았습니다. 우리는 매일 죽을 것 같아야 합니다. 사실 우리가 받기 원하는 위로는 세상적 위로입니다. 하나님은 알아주실 거라는 말도 너무 소극적입니다. 하나님이 친히 열심히 일하시는 겁니다.

모세가 본 출애굽

출애굽기에서도 고난을 통해 이루어진 놀라운 일이 나옵니다. 모세가 호렙산에서 떨기나무 가운데서 하나님을 만났습니다. 이때 하나님이 모세에게 다음과 같이 말씀하십니다.

> 나는 네 조상의 하나님이니 아브라함의 하나님, 이삭의 하나님, 야곱의 하나님이니라. 모세가 하나님 뵈옵기를 두려워하여 얼굴을 가리매, 여호와께서 이르시되 '내가 애굽에 있는 내 백성의 고통을 분명히 보고, 그들이 그들의 감독자로 말미암아 부르짖음을 듣고 그 근심을 알고, 내가 내려가서 그들을 애굽인의 손에서 건져내고, 그들을 그 땅에서 인도하여 아름답고 광대한 땅, 젖과 꿀이 흐르는 땅…에 데려가려 하노라. 이제 가라. 이스라엘 자손의 부르짖음이 내게 달하고 애굽 사람이 그들을 괴롭히는 학대도 내가 보았노니, 이제 내가 너를 바로에게 보내어

너에게 내 백성 이스라엘 자손을 애굽에서 인도하여 내게 하리라.' (출 3:6-10)

이에 모세가 화가 나서 하나님께 대꾸를 합니다. "내가 누구이기에 바로에게 가며 이스라엘 자손을 애굽에서 인도하여 내리이까?"(11절) "내가 이스라엘 자손에게 가서 이르기를 '너희의 조상의 하나님이 나를 너희에게 보내셨다' 하면, 그들이 내게 묻기를 '그의 이름이 무엇이냐?' 하리니 내가 무엇이라고 그들에게 말하리이까?"(13절) 이 말은 '하나님은 무슨 일을 이렇게 하십니까? 40년 전에 무엇을 하고 계시다가 이제 나타나셔서 이게 무슨 말씀이십니까? 당신은 누구십니까? 이스라엘 자손에게 뭐라고 당신을 소개해야 하나요?'라는 의미입니다. 그러자 하나님이 말씀하십니다. "나는 스스로 있는 자이니라…'스스로 있는 자가 나를 너희에게 보내셨다' 하라"(14절)고 하십니다.

하나님은 하나님이기를 중단하지 않으십니다. 모세는 지난 40년이 허송세월처럼 느껴졌습니다. 그동안 하나님은 아무것도 하지 않고 가만히 계시지 않으셨습니다. 그분은 열심히 일하셨고, 앞으로도 그렇게 하실 것이고, 모세와 함께 계획하신 그 일을 행하실 것입니다.

결국, 모세가 보는 출애굽 사건은 하나님이 모세를 보내

서서 이스라엘을 구원한 사건이 아니라, 모세가 하나님 앞에 항복하게 되는 사건인 것입니다. '하나님은 이런 분이시구나. 이렇게 굉장한 분이시구나'를 확인하는 시간입니다. 그래서 모세는 열 재앙 내내 좋은 소리를 하지 않다가 홍해 앞에 서서야 항복을 합니다. 모세가 백성들의 원망을 들으면서 "너희는 두려워하지 말고 가만히 서서 여호와께서 오늘 너희를 위하여 행하시는 구원을 보라"(출 14:13)라는 기특한 소리를 처음으로 합니다. 우리도 이렇게 배우는 겁니다.

모세가 이렇게 배울 수 있도록 가장 큰 역할을 한 사람은 바로입니다. 바로가 회개하면 모세는 이 엄청난 것들을 배울 수 없습니다. 바로가 계속 우겨야 합니다. 하나님은 왜 이렇게 번거롭게 일을 하실까요? 바로를 그냥 죽이시고, 이집트를 싹 쓸어버리신 후에 이스라엘을 그 땅에 세우시면 될 텐데 말이죠. 하나님은 그렇게 하실 수 있잖아요. 그런데 왜 하지 않으셨을까요? 하나님은 우리에게 결과를 전하시지 않고, 우리를 납득시키려고 하십니다. 하나님은 우리와 인격적 관계로 이야기하기를 원하십니다.

기독교에서 가장 중요한 단어는 믿음과 사랑입니다. 믿음도 동등한 인격이 아니면 나눌 수 없고, 사랑도 동등한 인격이 아니면 나눌 수가 없습니다. 사랑의 반대말은 미움이 아니라 동정입니다. 우리는 사랑받기는 원하지만 다른 사람들이 자신을 딱하고 가엾게 여기는 것은 견디지 못합니다. 하나님은 우리를 동정하지 않으십니다. 하나님은 우리를 대등한 수준으로 대하실 뿐 아니라 그 수준까지 크기를 요구하십니다. 그래서 우리가 고단합니다. 하나님은 우리를 그분의 일하심과 그분의 하나님 되심으로 초대하십니다.

하나님이 우리를 초대하시는 곳은 만사형통의 자리가 아닙니다. 하나님은 인간이 겪는 수많은 한계 속에서, 고뇌와 절망과 후회와 자책 속에서 우리를 사랑한다는 게 무슨 의미인지를 배우게 하십니다. 그리고 하나님은 우리가 이웃을 사랑하는 것이 얼마나 굉장한 요구인지를 깨닫게 하십니다. 그 자리가 바로 십자가입니다.

그렇기 때문에 "한 알의 밀이 땅에 떨어져 죽지 아니하면 한 알 그대로 있고 죽으면 많은 열매를 맺느니라"(요 12:24)라는 말씀이 여기서 나오는 것입니다. 결과를 모르면 얼마나 우스운 상황입니까? 당장 먹을 수 있는 밀을 갖다 버려야 되니 말이죠. 그런데 버린 씨가 싹이 나 열매를 맺으면 30배, 60배, 100배의 열매를 맺습니다. 우리가 씨를 심을 때 땅이 씨를 삼키는 것같이, 죽음은 우리를 삼키고 끝내는 것 같습니다. 마치 땅이 삼킨 것 같으나 실은 하나님이 심으신 것입니다. 이것이 죽음이랍니다. 그러니 우리 입장에서는 기가 막히죠.

생각해 보면, 하나님은 아담이 잘못했을 때 그를 없애고 새로 만드시면 됩니다. 혹은 대홍수 때 노아와 그의 가족을 포함하여 모든 인간을 죽이시고 새롭게 다시 시작하면 되었습니다. 그런데 하나님은 새롭게 다시 시작하지 않으시고, 우리의 선택과 결정 가운데서 일을 하십니다. 하나님은 우리의 배신과 외면을 그대로 놓고 그 위에서 일을 하십니다.

절정과 긴장

영화에서 절정이 일어나려면 긴장이 있어야 합니다. 긴장이란 형통하지 않는 것입니다. 그럴 수밖에 없는, 선택의 여지가 없는, 절망할 수밖에 없는, 답이 없는 데서 답이 나옵니다. 그래서 우리는 갑자기 크게 비약되는 일들을 '드라마틱하다'거나 '반전이 있다'고 합니다. 성경에서는 부활이 그렇습니다. 부활은 그냥 나오는 것이 아니라 십자가를 통해서 나옵니다. 십자가가 일을 하는 것입니다. 하나님은 인간을 만드셨을 때 그분의 목적과 뜻을 결코 취소하거나 약화하거나 타협하지 않으셨습니다. 그러므로 하나님의 영광스러운 창조 목적을 아는 신자는 그분의 뜻을 이루기 위해 더욱더 매진해야 합니다.

좋은 대학교에 합격하면 얼마나 기쁩니까? 일가친척이 다 모여서 축하해 줍니다. 그렇다고 흥분하여 이마에 합격증 붙이고 돌아다니지 말고, 합격한 대학에 가서 공부를 해야 합니다. 대학생이라는 이름에 걸맞게 실제로 훌륭한 사람으로 다듬어져야 합니다. 어디나 상급 교육 기관에 들어가면 다 힘에 부치는 요구를 합니다. 그래서 괜히 입학했나 싶죠. 이럴 줄 알았으면 대강 할 걸 싶습니다. 하지만 그 과정에서 사람이 만들어져야 합니다.

하나님이 예수 안에서 우리를 부르셨다는 말의 의미는 이처럼 하나님의 학교에 들어가서 고난을 통해 증언하라는 것입니다. 고난이 영광이라고 증언하는 모든 사건을 합치면, 하나님이 우리에게 약속하신 것들은 필설로 다 설명할 수 없을 것입니다. 바울은 셋째 하늘에 이끌려 간 적이 있습니다. 그가 낙원으로 이끌려서 말로 표현할 수 없는 말을 들었습니다(고후 12:2-4). 이와 같이 우리도 그런 설명할 수 없는 영광스러운 자리로 부름받고 있습니다.

지금은 코로나19로 전 세계가 팬데믹 상황입니다. 강대국도 소용없고 부자도 소용없습니다. 모두 소용없습니다. 모두 살기에 급급합니다. 그래서 이제 무슨 생각을 하게 되었습니까? '그때가 좋았지'라고 생각합니다. 어느 때를 말할까요? 교회에 성도들이 바글바글 모였을 때가 좋았고, 국수 한 그릇 나눠 먹을 때가 좋았다고 합니다. 세상이 다시 우리를 속이고 대강 넘어가도록 이렇게 마취시켜서 죽이려고 할 때, 하나님이 오셔서 우리를 깨우셨습니다. 이제 어떻게 하시렵니까?

경험이 곧 신앙 훈련

이제는 대형 교회라는 것이 의미가 없어졌습니다. 대형 교회는 성도가 많은 것으로 존재를 확인했습니다. 하지만 이제는 교회에 성도가 많이 들어올 수 없는데 무슨 수로 확인하겠습니까? 지금은 누구를 비난해서 자기를 확인해야 할 때가 아닙니다. 서로 더욱 성장할 수 있는 것이 무엇인지를 집중해야 할 때입니다. 그래서 십자가가 등장합니다. 오죽하면 예수님이 "내 마음이 심히 고민하여 죽게 되었으니"(막 14:34)라고 하셨을까요. 십자가는 예수님도 괴로워하신 고통입니다.

그러나 이 '고통'과 '맞고 틀리다'는 다른 문제입니다. 내가 올바르면 고통이 없으리라고 생각하는 것같이 말이 안 되는 것은 없습니다. 땀은 속이지 않습니다. 땀 없이, 노력 없이, 훈련 없이 되는 일은 없습니다. 그런데 우리는 예수 믿는 것을 어떤 명분을 되뇌는 것으로 때웁니다. 그러지 말아야 합니다.

제가 우리 교인들에게 요구하는 실천 방안은 '웃어라. 인사해라'였습니다. '왜 기도원만 갔다 오면 얼굴이 시퍼렇게 되어 오냐?'며 외쳤던 방안입니다. '반갑습니다, 안녕하세요'가 첫걸음입니다. 그런데 '안녕하세요'라고 인사를 했더니 '당신 지금 한가하게 인사할 여유가 있소? 지금은 나라를 위해 기도할 때요'라고 해서 배렸습니다.

누군가 내 마음에 들지 않는 이야기를 했을 때에는 잘 들어 주십시오. 대신 '맞습니다'라고 하지 말고, 그냥 '그렇군요'라고 하면 됩니다. 거기에 대고 '넌 말이야, 넌 학교 다닐 때도 그랬어'라고 하지 마십시오. 우리는 적극적으로 삶에 대한 훈련을 못 보고 못 배웠습니다. 그때는 그냥 가만히 있으면 됩니다. 웃으면서 '야, 넌 예나 지금이나 정열이 있다. 그치?'라고 하면 됩니다. '맞다, 틀리다'를 얘기할 필요가 없습니다.

말은 보고 배우는 것입니다. 컵을 직접 보여 주며 '이게 컵이야'라고 하면 됩니다. '컵이 뭐야?'라고 하는데 '컵은 말이야, 물이나 음료 따위를 따라 마시려고 만든 그릇이야'라고 아무리 설명해도 안 됩니다. 대표적인 예가 '시각장애인이 코끼리 만지기'입니다. 이 우화가 성립하려면 그 이야기를 듣는 사람들이 코끼리가 무엇인지 알아야 합니다. 모르면 이야기가 안 됩니다. 시각장애인 넷이 자기네끼리 회의를 하면 코끼리를 그려 낼 수 있겠어요? 못 그립니다. 어디다 어떤 걸 붙여야 되는지 모르잖아요.

직접 보면 모든 것을 한 번에 보고 알잖아요. 우리나라 시험은 '코끼리가 다리가 몇 개냐, 발톱이 몇 개냐'라고 분석하라고 해서 복잡해졌을 뿐입니다. 그래서 본 걸 어디다 써먹지 못하고 말았어요. 직접 보고 몸소 해 보면 됩니다. 신앙 훈련도 마찬가지입니다.

5장

순교보다 일상

추상적 삶에서 구체적 삶으로

어떤 신자가 부흥회 가서 은혜를 받았습니다. 그곳에서 벽돌 한 장을 얻어 옵니다. 그 벽돌에 은혜 받은 날짜와 목사 이름을 적어서 뒤뜰에 갖다 놓습니다. 뒤뜰에는 그런 벽돌이 산더미같이 쌓였습니다. 그러고는 그 벽돌로 집을 못 짓습니다. 비가 오면 비를 맞고, 바람이 불면 바람을 맞으며 벽돌 옆에 쪼그려 앉아 그냥 굶고 있습니다. 우리는 지금 알고 있는 모든 것으로 집을 지어야 합니다. 안방이 있고 거실이 있고 그 안에 주방이 있어야 합니다. 벽돌은 집짓기에 좋은 재료입니다. 얼마나 잘 구웠겠습니까. 그런데 그걸 집을 짓는 데 사용하지 못합니다. 집을 짓지 못하고, 누가 찾아오기만 하면 벽돌 한 장 뽑아서 자랑만 합니다.

마태복음 26장 36절 이하에는 예수님이 겟세마네에서 기도하시는 장면이 나옵니다. 수많은 기적을 행하신 예수님이 하나님 아버지께 이렇게 기도합니다.

> 내 아버지여, 만일 할 만하시거든 이 잔을 내게서 지나가게 하옵소서. 그러나 나의 원대로 마시옵고 아버지의 원대로 하옵소서. (마 26:39)

이제 예수님은 죽음의 자리로 가야 합니다. 겟세마네에서 이런 기도를 하나님 아버지께 드리기 전에 예수님이 행하신 기적들은 뭡니까? 그분은 왜 수많은 기적들을 행하신 건가요? 이러한 기도를 왜 하시는 걸까요? 기적보다 십자가가 더 크기 때문입니다. 예수님이 십자가를 지심으로 인간들에게 죽음이 최종 권세가 아니고, 하나님이 창조주와 구원자로서 너희의 인생에 복과 승리를 약속하시며, 실제로 행하신다는 증거를 보이신 것입니다.

십자가는 이 모든 것을 만들어 내는, 즉 우리의 실패와 절망이 절대로 쓸데없는 것이 아니라는 점을 보여 줍니다. 우리는 욕먹고 끝나는 존재가 아니고 그것보다 훨씬 큰 존재입니다. 그러니 하나님은 고난이 담긴 인생이 우리에게 유익할 수 있도록 다듬기를 원하십니다. 고난이 곧 은혜이고 복음입니다.

우리는 이를 이해하지 못합니다. 그렇기 때문에 후회만 합니다. 그래서 저는 저희 교회 장로님들에게 주일예배 공동기도 때 지난 주간에 지은 죄에 대한 기도를 하지 말라고 합니다. 지난 주간에 지은 죄를 회개하지 말고 "이번 주에 잘 살고 싶습니다. 하나님, 은혜 주시고 정신 차리고 분별할 수 있게 해 주십시오"라고 기도하라고 합니다. 얼마나 멋있습니까. '지난 주간에도 육체의 정욕과 안목의 정욕 속에서 해매다 왔습니다' 하는 그런 기도를 왜 합니까? 창피하지도 않습니까? 혼자 있을 때 하면 되는 기도를 교인들 앞에서 뭐하는 겁니까. 꼭 껍질을 벗겨야 합니까. 장로님들뿐 아니라 우리가 그렇습니다. 그 자리에서 나와야 합니다.

예수님이 오셔서 우리에게 무엇을 보이시고 행하셨는지 보십시오. 그분이 왜 공생애를 사셔야 했습니까? 그 콘텍스트(문맥 혹은 정황)를 가져야 합니다. 요한복음 13장부터는 예수님이 십자가를 지셔야 하는 이유가 나옵니다. 이런 것들은 자칫 잘못하면 실제로 그릇에 담기지 않고 명분이나 좋은 이야기가 되고 맙니다. 그런데 그걸 다 예수님이 공생애를 사심으로써 뒤에 나오는 이야기 전부, 기적을 행하시고, 마태와 함께하시고, 나사로와 함께하시는 콘텍스트에 우리를 끌어당

깁니다. 이것이 없으면 성육신은 없고 십자가와 부활만 있게 됩니다. 이런 것들이 자꾸 추상화됩니다. 추상화가 되어 콘텍스트를 담지 못하는 이야기가 되면 소통이 되지를 않습니다.

이 말이 무슨 뜻일까요? 사람들이 모이면 서로 하소연을 할 때가 많습니다. 그 예로 동창 모임이나 교회 모임을 생각해 보세요. "요새 난 이만저만한 일로 다리도 아프고 허리도 아파"라고 하면, 다짜고짜 "인마, 너 늙어서 그래"라고 한단 말이죠. 누가 모릅니까. "요새 난 눈도 잘 안 보이고"라고 하면 "그거 면역력이 떨어져서 그래요"라고 말하면 안 됩니다. "얼마나 힘드세요? 어디 갈 일 있으시면 저를 부르세요. 제가 옆에 따라다니면서 눈이 되고 발이 될게요"라고 하면 됩니다. 이런 거 없이 정답만 얘기하는 것을 '설교한다'고 합니다. 사람들이 비아냥댈 때 '설교하네'라고 합니다. 정황도 없고 동정심도 없이 정답만 아무데나 남발하면 '기관총 쏘냐' 그러는 겁니다.

이는 자기 인생을 멋지게 안 살아 봐서 못 하는 겁니다. 자기 인생을 멋지게 살았으면 설교에서 추상 명사들만 나열할 수 없습니다. 그런 걸 본 적도, 배운 적도 없기 때문입니다. 그리고 실제 삶에서 겪은 의심과 고난과 불평 등 이해할 수 없는 것들을 어떻게 해야 하는지, 그걸 어떻게 재료로 써야 되는지 모르기 때문입니다.

넉넉한 마음으로

채소나 나물 같은 거 먹다 보면, 쓴 게 맛있다는 거 아시죠. 달면 못 먹어요. 써야 맛있습니다. 신기하지 않나요? 쓴 것은 원래 약이라고 하잖아요. 그런데 쓴 것이 맛을 냅니다. 저의 제일 친한 친구 중에 고등학교 동창이 있습니다. 그 친구가 아주 주당입니다. 술을 아예 짝으로 갖다 놓고 마십니다. 어느 날 제가 하도 한심해서 물어봤습니다. "야, 그걸 왜 먹냐?" 그랬더니 그 친구가 나를 동정어린 눈초리로 쳐다보더니, "영선아, 이건 약이야. 써서 애들은 못 먹어"라고 했습니다. "오죽하면 먹겠어"라고 하는 것보다 훨씬 멋있잖아요.

우리는 왜 이런 걸 못합니까? 기독교는 훨씬 큽니다. 우리에게는 부활이 있습니다. '잘못해도 돼'라는 말을 무책임으로 끌고 가는 것은 실력이 없어서 그런 겁니다. 이러한 말은 기독교가 얼마나 넉넉한지, 회전 반경이 얼마나 넓은지를 가르쳐 주는 겁니다.

요즘 저는 나이가 드니까 주차를 못하겠어요. 후진해서 주차를 하면 내 차가 비스듬히 서 있습니다. 차에서 내려서 주차된 차를 보고 놀라서 다시 주차를 하면, 원래 그 자리입니다. 저는 이게 정말 웃깁니다. 다시 똑바로 주차를 한다고 했는데, 차는 여전히 비스듬히 주차되어 있습니다. 그리고 주차

장에서 나올 때는 '삐이' 하고 소리가 납니다. 다른 차를 긁을 수 있다는 적신호죠. 이제는 반응이 제대로 안 됩니다. 이를 감수해야죠.

이런 것을 감수하는 게 실력입니다. 얼마나 용량이 크고, 얼마나 짐을 지고 갈 수 있느냐가 실력입니다. 해설하거나 심판을 보지 않습니다. 운동장에서 뛰는 애들이 내 자식이기에 음료수를 준비하고, 응원도 하고, 운동이 끝나면 데리고 와서 목욕도 시키는 부모가 되어야 합니다. 젊었을 때는 선수로 뛰고 심판이나 중계나 해설은 하지 마세요. 그냥 선수로 뛰시고, 그리고 크십시오.

모든 운동은 육체 단련으로만 그치지 않고 정신을 키웁니다. 2019년 윔블던 테니스 결승전에서 노바크 조코비치가 결승에서 로저 페더러를 만납니다. 마지막 세트에서 12대 12까지 승부가 나지 않자 결국 타이브레이크(tie break, 게임 카운트 6 대 6일 때에, 7포인트를 먼저 득점한 쪽을 승자로 하는 규정)를 해서 페더러가 졌습니다. 페더러가 매치 포인트를 세 번이나 땄지만 결국 우승을 놓치고 말았습니다. 약 다섯 시간 동안 혈전을 벌였고, 윔블던 역대 최장 시간 경기로 기록될 만큼 명승부였습니다. 경기가 끝나고 아나운서가 조코비치에게 한마디 하라고 마이크를 건넵니다. 조코비치가 이렇게 말합니다. "이런 위대한 경기를 승패로 나누는 건 비극 아닙니까?" 이겨서

기쁜 감격보다 훨씬 더 나아간 거죠. 경기에서 지고 그 진 자리를 체념이나 비극으로 끝내지 않은 사람만이 보일 수 있는 여유입니다. '결국 이겨냈잖아요'라고 쉽게 이야기하지 마십시오. 체념이나 비극을 극복하기 위해 노력하지 않았다면 그 자리에서 이런 말을 하지 못합니다.

예수님이 이렇게 하셨습니다. 우리의 인생과 존재와 우리가 만나는 어떤 경우도 하나님이 그 아들을 보내시고, 그분을 십자가에 매달고, 무덤에서 나오게 하신 부활의 범위에서 벗어난 것은 없습니다. 대강 봐 주시는 정도가 아닙니다. 하나님은 최선으로, 최고의 능력으로 우리 편이십니다. 우리가 죽으면 하나님이 거기까지 쫓아 들어오십니다. 이것이 기독교입니다. 그래서 복음이라고 그러는 겁니다. 우리가 보통 기독교가 복음이기보다는 유교 같다고 하는 것은 "네 이놈, 교만하고 게으르지?"라고 꾸짖지, "얼마나 고생이 많니?"라고 말하지 않기 때문입니다.

복음서를 보면 예수님이 수많은 이적을 행하시고, 가난한 자와 소외된 자와 병자를 고치시는 길을 가실 때마다 예수님을 반대하는 자들이 나옵니다. 예수님 곁에는 자신을 따르는 자들과 반대하는 자들이 늘 있습니다. 심지어 예수님을 보고 "귀신이 들렸다"(요 8:48)고도 하고 "요셉의 아들 예수가 아니냐? 그 부모를 우리가 아는데 자기가 지금 어찌하여 하늘에서 내려왔다 하느냐?"(요 6:42)라고도 합니다. 심지어 그분께 죄를 덮어씌우기까지 합니다.

예수님을 따르는 백성들이 "호산나, 찬송하리로다. 주의 이름으로 오시는 이 곧 이스라엘의 왕이시여"(요 12:13)라고 소리칠 때만 해도 그들의 기대는 당연히 권력이었습니다. 그런데 예수님이 십자가 처형을 받게 되었을 때, 그들은 "바라바를 달라 하게 하고 예수를…십자가에 못 박혀야 하겠나이다.…그 피를 우리와 우리 자손에게 돌릴지어다"(마 27:20-25)라고 분노했습니다. 왜요? 속았다고 생각했기 때문입니다. 그들 생각에는 예수님이 자기들을 속인 것이죠. 너무 배신감을 느낀 것입니다.

예수를 믿고 신앙생활을 하면 교인들에게 찾아오는 제일 큰 시험이 배신감입니다. 자신은 열심히 살았는데, 아무 보상이 없다는 점에서 시험에 듭니다. 그런데 목사들은 교인들에게 신앙생활에 보상이 없다는 그런 얘기를 안 합니다. 목사가 굳이 교인 앞에서 그런 말을 할 필요는 없습니다만 배신감을 느낀 사람들을 위로해야 합니다. 질서를 위해 잘잘못을 가릴 규칙은 필요하지만, 결국은 다 끌어안고 가야 합니다.

복음서를 읽고 '이놈들 봐. 예수 안 믿는 것들 보라고, 말을 이 따위로 한다니까'라고 생각하지 말라고 그 앞의 모든 이야기를 다 끌어안고 예수님이 돌아가신 것입니다. 예수님을 따르는 자들도 잘못 따랐고, 반대하는 자들은 몰라서 반대했습니다. 예수님을 편든 자들이 "호산나, 찬송하리로다. 주의 이름으로 오시는 이여"(마 21:9)라고도 하고 "그 피를 우리와 우리 자손에게 돌릴지어다"(마 27:25)라고도 하는 겁니다. 이 모든 것을 예수님은 다 끌어안으시고 감당하십니다. 예수님이 "아버지, 저들을 사하여 주옵소서. 자기들이 하는 것을 알지 못함이니이다"(눅 23:34)라고 했던 것처럼, 그분을 믿는 우리도 그래야 합니다.

순교보다 더 큰 삶

이러한 반전을 위해서 복음서 초판부에는 예수님이 공생애 동안 겪으신 다양한 사건들이 나열되어 있습니다. 예수님을 따르는 자와 그 반대편에 있는 자의 갈등 사이에서 오도 가도 못하는 것같이 사는 이야기들이 나옵니다. 이 모든 것이 마지막에 화해를 이루고 반전이 있다는 사실을 알면서 우리도 인생을 살아야 합니다. 하나님은 그 아들이 살았던 삶을 우리에게도 요구하십니다. 예수님의 삶이 곧 우리 인생의 거울이라는 것을 이해해야 합니다.

빌립보서 3장이 바로 그런 메시지를 담고 있습니다. 바울은 "그리스도와 그 부활의 권능과 그 고난에 참여함을 알고

자 하여 그의 죽으심을 본받아"(10절) 부활에 이르려 합니다. "푯대를 향하여 그리스도 예수 안에서 하나님이 위에서 부르신 부름의 상을 위하여 달려가노라"(13절)라고 고백합니다. 당연히 우리도 고난의 신비를 깨달아 살아야 합니다. 이것이 하나님이 일하시는 방법이기 때문입니다. 또한 이것은 하나님이 그분의 백성을 부르시는 권능이기도 합니다. 우리는 기꺼이 죽는 삶을 살아야 합니다.

여기에서 죽는 것은 그 옛날 '순교'라는 하나의 미사여구처럼 쓰인 것이 아닙니다. 안이숙 씨가 쓴 『죽으면 죽으리라』(기독교문사)에서는 본인이 순교하지 못한 것을 그렇게 억울해 합니다. 부제가 "실격된 순교자의 수기"입니다. 그 시대는 순교가 최고의 자리였습니다. 그러나 지금은 그때와 다릅니다. 더 나왔습니다. 순교는 지금 우리가 할 게 아닙니다. 우리는 고난을 짊어지고 오해와 왜곡과 부당함 속을 걸어가야 합니다. 한번 죽고 마는 것은 쉬운 겁니다.

드미트리 쇼스타코비치라는 소련을 대표하는 위대한 작곡가가 있었습니다. 연방 공화국이 그에게 공산당 이념을 옹호하는 작품을 쓰라고 합니다. 그런데 쇼스타코비치는 '자신은 음악인이다'라며 이를 거부했다가 연방 공화국에 호되게 당합니다. 그의 가족 모두 연방 공화국의 인질이 되어 버립니다. 그래서 하는 수 없이 공산당을 찬양하는 곡을 씁니다. 그러고는 쇼스타코비치는 사람들에게 잊혀졌습니다. 그 후 영국 사람 줄리언 반스가 그에 대한 이야기, 『시대의 소음』(*The noise of time*, 다산책방)이라는 책을 씁니다. 그 가운데 이런 내용이 나옵니다. "공산주의 밑에서 살지 않으면서 공산주의가 되기란 얼마나 쉬운가!"(190-191면) 이 말은 '공산 국가가 아닌 데서 사는 사람들이 공산당을 호의적으로 평하는 건 쉽지. 살아 보지 않았으니까'라는 의미입니다. 그러면서 쇼스타코비치가 왜 변절자가 되었는지 설명합니다. "겁쟁이가 되기보다는 영웅이 되기가 훨씬 더 쉬웠다. 영웅이 되려면 잠시 용감해지기만 하면 되었다…그러나 겁쟁이가 된다는 것은 평생토록 이어지게 될 길에 발을 들이는 것이었다"(227면)라고 표현했습니다. 한 번의 순교는 쉽습니다. 한 번이면 되니까요. 그 안에서 몸부림치면서 사는 것이 얼마나 힘든 일인지 우리는 알아야 합니다.

예수를 믿는 것은 어떤 의미에서 힘든 일입니다. '그렇기에 인생 끝자락에 믿고 금방 죽어서 천국 가는 게 제일 좋지'라는 생각이 들면, 이런 생각을 해 보십시오. '지금이 기회인가?'라고 말이죠. 연예인들에게 작품에서 무슨 역을 맡았는가 하는 고민은 사치입니다. 그들에게 제일 큰 걱정은 극 중에서 배역이 없어지는 것입니다. 자신이 맡은 배역이 극 중에서 군대를 가거나, 유학을 가거나, 이민을 가거나, 죽으면 큰일입니다. 그건 배역이 사라지는 것입니다. 계속 눈에 띄어야 작품을 계속 하는 거니까요. 우리도 그렇습니다. 우리가 살아 있는 동안 하나님이 나와 내 인생을 쓰십니다. 그런 자부심과 그런 책임감을 느끼며 실제로 그 일을 해야 합니다. 작은 만남과 작은 일에서도요.

톰 라이트와 월터 브루그만이 오늘날 팬데믹 상황에 대해 쓴 책을 이렇게 정리할 수 있습니다. '이런 어려움을 겁주는 데 쓰지 말라.' 그리고 이 상황을 '예수 안 믿어서 그렇다'라고 갖다 쓰지 말라는 겁니다. '예수 믿는 사람들이 애통해하고, 이런 어려움을 당하는 일에 대해 하나님 앞에 빌고, 속히 끝내 주시기를 빌라. 겸손하고 무릎을 꿇어라. 하나님의 일하시는 때는 아무도 모른다. 결과가 나와야 안다. 서둘지 마라'고 하는 것입니다. 월터 브루그만은 '그런 고난과 도전이 없으면 그건 가짜다'라고 이야기합니다. 톰 라이트도 다음과 같은 이야기를 건넵니다.

> 코로나 바이러스는 하나님이 사람들에게, 아마도 당신에게 회개를 요청하신다는 뜻이라는 말을 들을 때마다 그 사람들에게 욥기를 읽으라고 이야기해 주라. 내 말인즉, 그 말이 틀렸다는 뜻이다. (『하나님과 팬데믹』, 32면)

여러분 각각의 현실과 정황이 어떤지 잘 모르겠습니다. 하지만 하나님이 숨 쉴 기간을 주셨다가 적당한 때에 도전해 오십니다. 부르시고 또 한 계급씩 올라가는 그런 좋은 이해가 있기를 바랍니다.

마태복음 20장 20-28절에는 세베대의 아들의 어머니가 예수님에게 이런 요구를 합니다.

> 그때에 세베대의 아들의 어머니가 그 아들들을 데리고 예수께 와서 절하며 무엇을 구하니, 예수께서 이르시되 '무엇을 원하느냐?' 이르되 '나의 이 두 아들을 주의 나라에서 하나는 주의 우편에, 하나는 주의 좌편에 앉게 명하소서.' 예수께서 대답하여 이르시되 '너희는 너희가 구하는 것을 알지 못하는도다. 내가 마시려는 잔을 너희가 마실 수 있느냐?' 그들이 말하되 '할 수 있나이다.' 이르시되 '너희가 과연 내 잔을 마시려니와 내 좌우편에 앉는 것은 내가 주는 것이 아니라 내 아버지께서 누구를 위하여 예비하셨든지 그들이 얻을 것이니라.' 열 제자가 듣고 그 두 형제에 대하여 분히 여기거늘, 예수께서 제자들을 불러다가 이르시되 '이방인의 집권자들이 그들을 임의로 주관하고 그 고관들이 그들에게 권세를 부리는 줄을 너희가 알거니와 너희 중에는 그렇지 않아야 하나니, 너희 중에 누구든지 크고자 하는 자는 너희를 섬기는 자가 되고 너희 중에 누구든지 으뜸이 되

고자 하는 자는 너희의 종이 되어야 하리라. 인자가 온 것은 섬김을 받으려 함이 아니라 도리어 섬기려 하고 자기 목숨을 많은 사람의 대속물로 주려 함이니라.'

톰 라이트는 이 내용을 그의 책 『하나님은 어떻게 왕이 되셨나』(에클레시아북스)에서 아주 멋지게 풀어냅니다. 야고보와 요한이 요청한 예수님의 좌우편에 대해 마가복음 10장 40절에서는 "내 좌우편에 앉는 것은 내가 줄 것이 아니라 누구를 위하여 준비되었든지 그들이 얻을 것이라"라고 예수님이 말씀하셨습니다. 사실 예수님이 십자가에 달려 돌아가실 때 그분의 오른쪽과 왼쪽에는 두 강도가 있었습니다(310면). 이는 유머이기도 하고, 기독교 신앙의 경이로움이기도 합니다.

또 이런 비교도 있습니다. 요한복음 13장 27절에는 이런 내용이 나옵니다. "조각을 받은 후 곧 사탄이 그 속에 들어간지라. 이에 예수께서 유다에게 이르시되 네가 하는 일을 속히 하라 하시니." 이를 톰 라이트는 이렇게 표현합니다. '가룟 유다의 마음에 사탄이 들어간 거 맞다. 그러나 예수님은 베드로에게 사탄아라고 불렀다. 누가 더 악당이었겠나?' 굉장하지요.

쉽게 생각하지 마세요. 훨씬 더 크고 훨씬 더 놀랍습니다. 그래서 믿음을 가지라는 것은 다른 게 아닙니다. 정말로 하나님이 온 우주와 그 시간의 주인이시라는 것을 믿는다면 무엇이든지 견뎌야 합니다. 그리고 그 견디는 것은 쉽지 않습니다. 울어야 합니다.

견디는 것과 관련하여, 일제 때 행했던 신사참배는 어떻게 이해할까요? 백세가 넘으신 김형석 교수님이 「조선일보」에 주말마다 글을 낸 적이 있습니다. 신문에 이런 이야기가 나옵니다. 교수님이 일제 치하에서 숭실중학교에 다닐 때, 학교가 신사참배를 거부해서 폐교되어 고향에 내려갔답니다. 그러다가 얼마 있다가 학교에서 연락이 왔대요. 학교 문을 열었으니 다시 공부하러 오라고요. 그래서 웬일인가 하고 학교에 갔더니, 이제 신사참배를 하기로 했답니다.

다시 학생이 된 첫날 전학생이 신사참배를 하러 갔답니다. 평양 신궁을 향하여 열을 지어서 가는데, 선생님들이 쭉 일렬로 서서 배웅을 하더랍니다. 그때 교장 선생님이 울더랍니다. 간단하게 신사참배를 했느냐, 안 했느냐고 물어본다면 그건 추상 명사에 불과합니다. 교장 선생님은 자신의 믿음을 지키느라 이 학생들의 장래를 막는 것은 아니라고 생각한 것입니다. '십자가는 내가 지마. 너희는 제대로 커라' 하는 심정으로 내린 결정이었을 겁니다.

시편 88편에 가면 이런 깊은 내용이 담겨 있습니다.

주께서 내가 아는 자를 내게서 멀리 떠나게 하시고, 나를 그들에게 가증한 것이 되게 하셨사오니 나는 갇혀서 나갈 수 없게 되었나이다. 곤란으로 말미암아 내 눈이 쇠하였나이다. 여호와여, 내가 매일 주를 부르며 주를 향하여 나의 두 손을 들었나이다. 주께서 죽은 자에게 기이한 일을 보이시겠나이까? 유령들이 일어나 주를 찬송하리이까? (셀라) 주의 인자하심을 무덤에서, 주의 성실하심을 멸망 중에서 선포할 수 있으리이까? 흑암 중에서 주의 기적과, 잊음의 땅에서 주의 공의를 알 수 있으리이까? (시 88:8-12)

이 말씀은 이렇게 이해하면 좋습니다. 부모가 자식에게 꾸중을 했더니, 자식이 "나, 나가서 죽을래" 그러는 것과 같습니다. 부모에게 "나 없이 살아 봐"라고 할 수 있는 것은 자식밖에 없습니다. 자식의 권리죠. 하나님이 그걸 인정하십니다. 우리가 하나님께 떼를 쓰고 덤빌 수 있습니다. 그게 뭐 잘하는 거겠습니까. 그러나 말하자면 그런 것도 허락되는 관계라는 말입니다.

우리는 너무 유교적 전통에 사로잡혀 있습니다. 우리나라에서 아버지는 아들이 절대로 넘을 수 없고, 쫓아갈 수도 없으며, 덤빌 수도 없는 존재입니다. 히브리인들에게 아들이라는 것은 동등한 지위입니다. 아들은 아버지와 동등합니다. 그렇기 때문에 아들이 그 집의 주인입니다. 하나님이 우리에게 아버지라고 부르라고 이야기하는 것은 굉장한 겁니다. 그런 것들을 배워 나가야 합니다. 신앙생활 속에서, 현실적 도전 앞에서 하나씩 배우게 됩니다.

고난을 누리는 삶

여러분이 가지고 있는 어떤 막막하고, 단순한 생각들을 자꾸 깨야 합니다. 깨고 나와야 합니다. 제가 학교에서 수업을 할 때, 학생들에게 이렇게 이야기했습니다. "너희를 밀실에서 꺼내는 것이 내 책임이다. 내가 주먹으로 벽을 한 대 쳐 구멍을 내서 햇살이 들어오게 하려는 게 내 목적이다. 너희가 갇혀 있는 생각에서 내가 너희를 꺼내려고 한다." 그러고 제가 강의를 하면 학생들에게 반발이 들어오기도 했어요. 여태껏 자기가 확신하던 것들이 깨지거든요. 질문할 때 뭐 굉장했습니다. 그럴 때마다 "무식한 놈. 넌 아직 대답을 들을 자격이 없어"라고 하면 다들 미치려고 했습니다.

한 학생은 노방 전도를 일주일에 하루씩 꼭 나간답니다. 요새는 다 전도지를 받지도 않고 대꾸도 안 하는데, 어떤 사람이 전도지를 받더랍니다. 그러더니 전도지를 받은 사람이 "나, 옛날에는 교회 다녔어요"라고 그러더랍니다. 노방 전도 이야기를 한 그 학생이 저에게 "그게 무슨 뜻일까요?"라고 물었습니다. 그래서 제가 알려 줬습니다. "재수 없다는 뜻이다."

그런데 이 방법이 아직도 먹힙니다. 그러나 그다음이 없으면 이 방법은 진부해집니다. 그다음이 있어야 합니다. 내일이라는 게 있어야 애를 낳고 자녀를 키울 맛이 납니다. 내일이 없으면 애를 무엇 때문에 낳아요? 저는 거기에서 우리의 가난함 그리고 시대적 책임을 느껴야 한다고 생각합니다.

미국을 갔다 온 것과 아닌 것은 차이가 큽니다. 보고 오면 달라집니다. 지리 시간에 배운 것하고는 다릅니다. 땅도 크고 인구도 많습니다. 스테이크 1인분을 시키면 우리 기준으로 네 명이 먹어도 배부를 만큼 줍니다. 오래전에 제가 미국에 가서 한인 식당에서 우족탕을 시켰습니다. 미국 소는 정말 큰 것 같더군요. 우족이 그릇에 다 안 들어가서 그릇 밖으로 나와 있어요. 크다는 걸 봐야 압니다. 옥수수 밭이 끝도 없이 펼쳐져 있어서 하루 종일 가도 다 못 봅니다. 그래서 유럽인들도 유럽에서 복닥복닥 살다가 신대륙을 보니 완전히 뒤집힌 것입니다.

기독교에 들어오면 뒤집어질 것이 많습니다. 우리가 알고 경험하는 것은 자연주의입니다. 자기도 모르게 자연주의가 체득되어 있습니다. 경쟁적으로 살다가 복음이 들어왔는데, 이 복음이 전혀 다른 이야기를 합니다. 놀랍습니다. '너희는 그렇게 싸구려가 아니다. 너희는 자신의 힘으로만 살지 않는다. 훨씬 큰 보호자가 있다. 걱정 마라'가 있습니다. 이런 것들을 그리스도인들이 잘 조화를 이루어 그때그때 사용할 수 있기까지 오랜 시간이 걸립니다. 모르고 있으면 이야기가 달라집니다. 모르고 있으면 밤낮 똑같은 이야기만 하다 맙니다. 그러면 만나기 싫어집니다. 왜요? 밤낮 싸우다 말기 때문입니다.

코로나19로 전 세계가 몸살을 앓고 있는 지금은, 우리가 이러한 것들을 배우고 넉넉해질 수 있는 때입니다. 이 고난의 시기를 정답으로 때우지 말고, 묵묵히 몸소 배우며 나가시길 바랍니다.

부록 1: 2021년 남포교회 여름 수련회 특강

고난의 얼굴에 비친 하나님의 영광

⁵우리는 우리를 전파하는 것이 아니라 오직 그리스도 예수의 주 되신 것과 또 예수를 위하여 우리가 너희의 종 된 것을 전파함이라. ⁶어두운 데에 빛이 비치라 말씀하셨던 그 하나님께서 예수 그리스도의 얼굴에 있는 하나님의 영광을 아는 빛을 우리 마음에 비추셨느니라. ⁷우리가 이 보배를 질그릇에 가졌으니, 이는 심히 큰 능력은 하나님께 있고 우리에게 있지 아니함을 알게 하려 함이라. ⁸우리가 사방으로 욱여쌈을 당하여도 싸이지 아니하며 답답한 일을 당하여도 낙심하지 아니하며, ⁹박해를 받아도 버린 바 되지 아니하며 거꾸러뜨림을 당하여도 망하지 아니하고, ¹⁰우리가 항상 예수의 죽음을 몸에 짊어짐은 예수의 생명이 또한 우리 몸에 나타나게 하려 함이라. ¹¹우리 살아 있

는 자가 항상 예수를 위하여 죽음에 넘겨짐은 예수의 생명이 또한 우리 죽을 육체에 나타나게 하려 함이라. [12]그런즉 사망은 우리 안에서 역사하고 생명은 너희 안에서 역사하느니라. [13]기록된 바 '내가 믿었으므로 말하였다' 한 것같이 우리가 같은 믿음의 마음을 가졌으니 우리도 믿었으므로 또한 말하노라. [14]주 예수를 다시 살리신 이가 예수와 함께 우리도 다시 살리사 너희와 함께 그 앞에 서게 하실 줄을 아노라. [15]이는 모든 것이 너희를 위함이니 많은 사람의 감사로 말미암아 은혜가 더하여 넘쳐서 하나님께 영광을 돌리게 하려 함이라. (고후 4:4-15)

성도 여러분, 이렇게 온라인으로라도 수련회를 하게 되어 매우 감격스럽습니다. 우리가 수련회를 직접 참여할 수 있을 때는 참석한 사람이나 참석하지 못한 사람에 대해서 그렇게 큰 차이를 느끼지 않았습니다. 그런데 모일 수 없는 상황에서 수련회를 하니까 참여하는 분들의 진정성이 느껴지고, '그때가 얼마나 좋았는가' 하는 생각이 듭니다. 뜻밖에 우리 모두가 교회와 자신의 몫에 대해서 새삼스럽게 생각해 볼 기회가 생겨 다행이라고 여겨집니다.

사망과 생명에 대한 고민

대부분의 성경 말씀은 그냥 읽어서는 실감이 나지 않습니다. 살아 봐야 실감이 납니다. 우리가 영어를 배울 때는 문법적·해석적 차원에서 집중했기 때문에, 그 예문으로 쓰인 내용이 얼마나 굉장한 내용을 담고 있는지 생각할 틈이 없었습니다. 우리가 배운 영시(英詩) 중에는 좋은 시가 많았습니다. 그런데 멋있는 내용을 느끼지 못하고, 전부 핵심 주제에 동그라미 치고 관계대명사 앞에 사선 긋고 그 옆에 단어 뜻 써 넣느라 바빴습니다. 시험에 그렇게만 나오니까 그랬습니다. '이 시를 읽고 느낀 감정을 쓰시오'라고 시험 문제가 출제되었다면, 우리가 시를 즐겼을 텐데 그렇게 못했습니다. 성경도 이렇게 좋은 영시를 감상하듯 읽으면 좋을 듯합니다.

이 본문 가운데 "우리가 항상 예수의 죽음을 몸에 짊어짐은 예수의 생명이 또한 우리 몸에 나타나게 하려 함이라. 우리 살아 있는 자가 항상 예수를 위하여 죽음에 넘겨짐은 예수의 생명이 또한 우리 죽을 육체에 나타나게 하려 함이라. 그런즉 사망은 우리 안에서 역사하고 생명은 너희 안에서 역사하느니라"(10-12절)라는 말씀은 코로나19로 전 세계가 팬데믹 상황이 되자 너무나 분명해졌습니다.

사람들은 보통 '코로나19는 왜 왔는가? 어떻게 해야 되는가?'밖에 생각을 못합니다. 그러나 코로나19가 무엇을 하는지를 보십시오. 코로나19가 우리 모두를 죽음에 직면하게 하고 있습니다. 사실, 성도인 우리는 코로나19를 겁낼 필요가 없습니다. 우리는 결국 죽을 것이고, 우리에게 죽음은 끝이 아니기 때문입니다. 부활 신앙을 가진 우리에게 코로나19는 문제가 아닙니다.

위기와 도전

그런데 우리는 왜 이 상황에서 위기를 겪어야 할까요? 우리는 사망밖에 답이 없는 자들 가운데 생명을 증언하는 자로서 있기 때문입니다. 생명을 증언하는 자로 서 있다는 것은 우리가 구원 밖에 있는 자들을 우리와 함께 사망에서 생명의 부활을 믿게 한다는 단순한 논리보다 더 큰 의미를 담고 있습니다. 지금은 세상 사람들이 볼 때 내세와 궁극적 승리를 믿는 자들이 자기들과 함께 죽음에 붙잡혀서 어떤 우월한 보장이나 특별한 대접도 받지 못하는 것으로 보입니다. 세상 사람들은 우리에게 "너희는 왜 사망에 붙잡혀 있냐?"라고 묻고, 우리는 그들에게 "너희는 생명에 대해 잘 몰라서 그래"라고 답하는 자리에 있습니다. 기가 막히지 않습니까?

어찌 보면, 코로나19로 인한 팬데믹 상황은 우리가 세상 사람들에게 생명을 전하고 증언하기 위해 죽음으로 보냄을 받았고, 세상 사람들은 죽음 속에서 우리를 통해 생명을 부여받는 자리를 확인시켜 주는 셈입니다. 이는 코로나19만의 문제가 아닙니다. 어느 유럽 여성은 '코로나19보다 제1차 세계대전이 더 무서웠다'고 증언하더라고요. 코로나19보다 제1차 세계대전이 더 참혹했다는 의미입니다. 여기서 '참혹하다' '절망적이다' '고통스럽다'는 말은 전부 다 죽음과 연결됩니다.

신자들은 '왜 우리는 죽음과 연결되어 있는 자들과 차별된 대접을 받지 못하는가?'에 대해 의아해할 수 있습니다. 더불어 비신자들은 '우리는 죽음으로 가는 이 일에 아무 답도 없고 그냥 살아 있는 동안 마지막 발광이라도 하겠다. 그런데 신자 너희는 뭐냐?'라고 도전합니다. 이렇게 의문과 도전을 가지는 시간이 된 것입니다.

말하자면 코로나19는 하나님이 우리에게 주시는 이러한 의문과 도전 속에서 가치와 의미를 생산하는 콘텍스트가 됩니다. '콘텍스트'를 '문맥'이라고 하면 뜻이 잘 안 통하는 것 같고, '콘텍스트'라고 하면 뜻이 통하는 것 같은 것은 사기입니다. 사실은 우리가 '문맥'이라는 말을 자주 안 써서 그렇습니다. 문맥이 없으면 구호와 명분이 됩니다. 그러한 용어가 많습니다. 승리, 소망, 영광, 명예 등이 그렇습니다. 이런 용어가 문맥 없이 등장하면 다 고급한 단어이면서 실제로는 이해가 안 됩니다. 이 용어들이 실체가 되려면 콘텍스트가 있어야 합니다. 콘텍스트 곧 문맥이 본문을 생산하는 것이 아니라 콘텍스트가 있어야 본문이 살아납니다. 그래야 본문이 담깁니다. 그런 가운데 생명과 사망이 여기에 등장하는 것입니다.

'역사'라는 큰 문맥, 바빌론 포로

세상 사람들은 신자인 우리가 생명을 가졌다면 이 병마에 대해서 걱정을 안 해야 된다고 생각을 합니다. 반면 우리는 세상 사람들이 이 병마로 인해 죽는 것은 그 병마로 인한 죽음이 문제가 아니라, 죽을 수밖에 없는 존재라는 사실에 대해 생각을 해야 된다고 말하는 셈입니다. 지금은 이것들이 부딪히는 시간입니다. 그래서 이러한 일들은 성경과 이스라엘 역사에서 커다란 문맥으로 등장합니다.

그렇다면, 커다란 문맥이란 무엇일까요? 작은 문맥은 인생입니다. 큰 문맥은 역사입니다. 이스라엘 역사에 등장하는 큰 문맥은 바빌론 포로입니다. 바빌론 포로는 묘합니다. 이스라엘 민족의 입장에서는 하나님을 믿는 언약 백성, 곧 하나님의 성전과 율법을 가진 백성이 다른 신을 섬기는 이방인들에게 포로로 잡혀간다는 것은 있을 수 없는 일이었습니다. 성전이 파괴된다는 것은 단순히 이스라엘 사람들의 문제이기보다 하나님의 명예에 관한 것입니다. 그러나 하나님은 성전이 파괴되도록 허락하셨고, 하나님의 백성들을 이방 민족의 포로와 종으로 살도록 하셨습니다.

바빌론 포로 직전에 이러한 반발이 있었습니다. 예레미야가 이스라엘 백성에게 '너희가 잘못했기 때문에 하나님의 징계를 받는 것이므로 이를 순히 받으라'고 경고합니다. 이때 이스라엘 백성은 예레미야에게 일차적으로 '우리가 이런 이방 민족에게 질 수 없다. 우리는 하나님의 백성이고, 성전은 하나님의 집이다. 그러한 거짓말은 하지 마라'라고 했습니다. 이스라엘은 히스기야왕 때에 야웨께서 한 천사를 보내시어 적군 앗시리아의 용사와 지휘관과 장군을 하루아침에 전부 시체로 만드신 기적의 승리를 경험했기 때문에(대하 32:1-23), 그러한 상상과 믿음을 가지고 있었습니다. 그러나 실제로 이스라엘 백성들은 바빌론에 의해 성전은 파괴되고 그들은 바빌론 포로가 되고 맙니다.

이때 이스라엘 백성 중에 바빌론 포로가 되는 것을 거부하고 이집트로 피난을 가는 무리가 나타납니다. 그들은 자신들이 이방인의 포로가 되고 자신들의 성전이 무너지는 꼴은 못 보겠다는 무리입니다. 그리고 그들은 '그럴 리가 없다'고 주장한 말에 자존심을 더해, 이집트로 피난을 가면서 '벌을 순순히 받으라'는 메시지를 전한 예레미야를 붙잡아 갔습니다. 결국 자신들의 말이 틀리고 예레미야의 말이 맞았으니까 예레미야를 가만 둘 수 없었습니다. 이집트로 끌고 가서 거기서 예레미야를 죽입니다.

예레미야는 이집트로 끌려가면서도 '이집트로 도망한 자들은 망한다. 하나님이 끝까지 심판하시겠다고 하셨다. 바빌론 포로가 된 자들만이 살아남는다. 그들이 곧 남은 자다'라고 전합니다. '남은 자'란 '큰 나무를 베도 그루터기가 남듯이'라는 뜻을 가지고 있습니다. 그런데 여기서 언급한 '남은 자'는 의미가 조금 다릅니다. 여기서 '남은 자'는 '이 징계를 받은 자, 이 특별 훈련을 받은 자'라는 뜻입니다. 그러니까 바빌론 포로가 하나의 훈련의 장이었던 것입니다.

역사 속에서 일하시는 하나님

하나님은 어떤 분이실까요? 하나님은 우리에게 무엇을 원하시는 것일까요? 하나님은 잘잘못을 지우는 문제보다 잘잘못의 결과를 겪어 보는 시간을 이스라엘 역사 속에서 요구하십니다. 하나님의 일하심은 보편적 역사에서 일어납니다. 하나님의 일하심이 바빌론 포로에서만 나타났던 것은 아닙니다.

출애굽의 기적으로 이집트를 나왔던 이스라엘 세대가 광야에서 다 죽습니다. 가데스바네아에서 열두 정탐꾼을 보내어 다수의 부정적 정탐 보고를 듣고, 이스라엘 백성이 가나안 입국을 거절하자 하나님이 그들에게 '너희는 다 죽어라'고 하셨습니다.

더러 어떤 사람들은 이 사건을 듣고 '가나안에 들어가지 못한 이스라엘 백성들은 천국에 갔는가, 가지 못했는가?'라는 질문을 합니다. 그들은 천국에 갔습니다. 왜냐하면 모세가 같이 죽었기 때문입니다. 모세는 원래 그곳에서 그들과 같이 죽을 입장은 아니었습니다. 그는 가나안 입국에 대해서 믿음을 가졌으니까요. 그런데 므리바 사건, 별거 아닌 데에서 하나님이 느닷없이 '죽어라' 하고 명하시거든요. 모세는 이 부분에 대해서 알아들었고, 모세가 백성들과 함께 죽음으로써 백성들이 죽음으로 끝나지 않았다고 말할 수 있습니다.

모세와 백성들이 죽은 것이 일을 합니다. 앞서 우리는 '신자인 우리가 왜 차별적 혜택을 받지 못하는가?'를 시작으로, 세상 사람들이 우리에게 '너희는 영생과 내세가 있어 특별 보호와 약속이 있다면서 왜 정작 생명을 찾을 때는 우리와 비슷한가?'라고 한다고 했습니다. 반면 우리는 세상 사람들이 있는 죽음의 자리에 들어가 '너희는 죽음을 외면하고 있다가 눈앞에 닥친 위기에 아우성을 치면서 결국 물어야 할 것 아닌가? 코로나19 하나만 면하면 되는 문제가 아니라 치명적 사고는 늘 일어나는 것이다. 언제 세상을 떠날지 모른다. 그런데 너희는 너희 죽음에 대해 어떤 생각과 준비를 하고 있는가?'라고 묻는다고 했습니다. 서로 같은 문맥 속에 들어와 있는 것입니다.

이것이 성육신입니다. 성육신이란 예수님이 갈 때까지 간 인간의 모든 자리에 들어오는 것입니다. 우리가 선택하고, 우리가 걷고 있고, 우리가 누워 있는 그 자리에 들어오시는 것이 성육신입니다. 와서 '너, 왜 이러느냐?'라고 하지 않으십니다. 그냥 우리와 같이 사십니다.

죽음은 모든 잘못의 최종 집합지입니다. 죽음은 죗값입니다. 예수님이 죽음을 이기시고 부활하신다는 것은, 예수님이 이 땅에 오셔서 십자가와 부활이라는 사건만을 행하신 것이 아닙니다. 그분은 생애 자체를, 그 인생을 사셨습니다. 죽음으로 가는 그 중간, 즉 모든 인생이 겪는 헛됨과 어리석음과 비겁함과 실패 가운데 함께 계신 것입니다. 그분이 함께 계시면 그것이 곧 임마누엘입니다. 하나님이 우리와 함께 계시는 것입니다. 예수를 죽음에서 건지신 이가 예수와 함께 모두를 건지실 것입니다. 이는 세례와 부활에 있어서 가장 중요한 연합입니다. 하나님이 인간과 그 인생, 그 운명을 자신과 묶는 것이 성육신입니다. 우리 역시 그렇게 세상으로 보내심을 받고 있습니다.

우리가 세상 사람들에게 복음을 전하고 이에 대해서 설명을 하는 것도 당연한 사명입니다. 하지만 우리가 그들과 같은 고난, 같은 현장, 같은 현실에 있으므로, 하나님이 우리에게 약속한 답이 그들도 함께 갖는 답이 되게 하는 것이 성육신입니다. 여기가 예수 믿는 사람들이 알아야 하는 하나님의 일하심이요, 지금의 현실을 이해할 수 있는 부분입니다. '우리가 왜 이렇게 불안한 현장에 있어야 하며, 날마다 공포에 떨어야 하는 가운데 있어야 하는지'를 그 결과에 상관없이 함께 묶이는 일로 우리의 인생을 걷게 됩니다. 그런 의미에서 우리는 메시아인 것입니다. '우리가 메시아다'라고 이야기하면, 괜히 분에 넘치는 정신 나간 소리처럼 들릴 것입니다. 그러나 우리는 하나님이 구원을 위해 예수를 이 땅에 육신으로, 그것도 마구간에서 태어나게 하시고 평범한 인생을 살아가게 하셨다는 것을 잊거나 부인해서는 안 됩니다.

우리는 특별하기를 원합니다. 기적들, 곧 보리떡 다섯 개와 물고기 두 마리로 5천 명을 먹이거나 문둥병자를 고치거나 귀신을 내쫓는 데에만 하나님의 임재가 있다고 생각을 합니다. 그렇지 않습니다. 하나님이 예수를 부활시킴으로 그분의 생애의 모든 장면과 경우가 전부 결론을 가지게 되었다는 것이 성육신입니다.

우리의 부활은 나중에 있을 것입니다. 하지만 우리가 부활할 것이 사실이라면 우리가 지금 살아가면서 만나는 사람들,

내 인생과 겹치는 사회, 이웃을 우리가 구원하고 있는 것입니다. 내가 힘들어 하는 것마저도 구원에 참여하는 것입니다. 이것이 우리를 살게 합니다. 어느 날 보란 듯이 일어나는 것이 아닙니다.

'우리에게 일어나는 신앙의 특별한 사건은 보편적 사건으로 연결되는 것이다'라는 표현이 있습니다. 우리가 예수를 믿은 그 감동, '나는 오늘 죽어도 천국에서 깰 것을 믿어요'가 보편적 일상에 들어가는 것입니다. 매일 감동적이어야 하는 것은 아닙니다. 이 감동과 특별함이 우리 인생 전체를 끌어안고 덮고 채우는 것입니다. 하나님의 구원 방법은 예수의 생애가 역사 속에 일어남으로써, 모든 인류의 평범한 인생 곧 불안과 원망 가운데 예수와 연합되게 하는 것입니다. 놀랍지 않습니까. 우리의 간증은 다 특별한 사건입니다. 특별한 기도 응답 그리고 어떤 계기, 사건입니다. 이러한 특별한 사건이 우리를 골탕 먹일 때가 있습니다. 그렇지 않은 것들을 시시하게 만들어 버립니다.

요즘 인기 있는 프로그램은 다 먹방 이야기입니다. 예전에는 최불암 씨가 건강하게 먹을 수 있는 유명한 음식을 소개했고, 그다음에 나오는 허영만 씨는 일반 가정식을 소개했습니다. 요즘은 최백호 씨가 나와 혼밥에 대해 소개합니다. 이 방송은 혼밥을 먹을 수밖에 없는 개인 사정을 소개해 줍니다. 그러면서 그들의 이야기에 공감하고 이해도 할 수 있고 친밀감마저 느낄 수 있습니다. 그런데 그 이야기를 듣는 우리가 그들을 도와줄 방법이 없습니다. 그 모든 사람이 나와 함께 대한민국에 산다는 것만이 유일한 끈입니다. 그것이 우리의 생애입니다. 그들의 고통, 그들의 막막함이 우리의 마음에 동정심을 갖게 하고 더 잘해야 한다는 어떤 생각들, 우리의 무력함 같은 것을 느낍니다. 이 모든 막막함이 일을 한다는 것이 성경이 말하고자 하는 바입니다.

더 깊어질 기회

예수님이 태어나셨을 때, 헤롯은 그분의 탄생을 축하하지 않고 두 살 이하의 사내아이를 모두 죽였습니다. 결국 예수님의 가족은 이집트로 피난을 가야 했습니다. 그뿐 아닙니다. 사람들이 예수님을 돌로 쳐 죽이자고 할 때, 예수님은 피하셨습니다. 이처럼 예수님은 그분의 생애 동안 죽을 고비를 몇 번 넘기셨습니다. 예수님은 그러한 일들을 겪으실 때, 그 일 자체를 무마하고자 하지 않으셨습니다. 오히려 예수님은 자신의 자리에 들어가심으로 모두를 놀라게 하셨습니다.

현재 신자들이 코로나19로 인해 교회에 모이지도 못하고 있습니다. 이로 인해 원망과 불평을 하지만 사실은 그런 원망과 불평을 하는 것은 잘못된 것입니다. 어쨌든 우리는 지금 온라인으로 충분히 교제가 가능합니다. 물론 직접 모이는 것만 못합니다. 그러니까 더 깊어져야죠. 서로 모여서 웃고 떠들면서 가졌던 것들을 떨어져서 보니까 아니다 싶은 것도 있습니다. 더 깊어져야 한다는 도전이 더 크게 생겼습니다.

우리는 메시아 사역을 잇고 있습니다. 메시아라는 것이 세상에서는 모든 문제를 해결하는 자로 되어 있습니다. 그런데 예수님은 무엇을 해결하셨는지 기억하십시오. 인간의 정체성과 운명, 지위, 신분에 관한 것을 해결하셨습니다. 그 의미와 가치를 살려내는 일에는 '문맥이 어떠하냐? 정황과 경우가 얼마나 어려운가?' 하는 것은 오히려 기회입니다. 모든 절정은 가장 어려운 일이나 절망의 반전에서 나옵니다. 그 반전이 문제를 해결하는 것으로 나오는 것은 삼류 소설입니다. 일류는 고난과 절망을 당한 주인공이 이를 뛰어넘는 사람으로 재탄생하는 것으로 반전이 이루어지는 법입니다. 오늘날 한국 교회에 이를 적용하자면, 신앙의 어떤 높은 차원으로의 분발과 은혜, 계기, 기쁨으로 주고자 하시는 하나님의 의도가 우리 모두에게 열매로 맺히기를 바랍니다.

기도하십시다.

하나님 아버지, 위드 코로나 시대에 교회들은 무엇을 해야 되나요? 당연히 기도해야 됩니다. 코로나19 바이러스가 없어지기를 기도하는 것이 아니라, 죽음을 짊어지신 예수님의 일하심에 참여할 것을 기도할 때입니다. 예수님은 조롱과 고통과 배신을 뒤엎으셨습니다. 보복하신 것이 아니라 뒤엎으셨습니다. 우리도 보복을 하거나 보상을 바라는 것이 아니라 찬란한 하나님 자녀의 영광의 자리에 서는 기쁨을 누리게 하옵소서. 예수님 이름으로 기도합니다. 아멘.

부록 2: 저자 인터뷰

침 삼킬 동안도 놓지 아니하시는 분

성경이 말하는 성화와 하나님의 주권, 그분의 열심, 믿음의 본질에 몸부림치는 설교자 박영선. IVP와의 인터뷰를 통해 '위드 코로나' 시대를 살아가야 할 그리스도인들에게 전하는 그의 깊고 넓은 분별과 안목의 메시지를 들어 본다.

『고난이 하는 일』에 대하여

어떻게 '위드 코로나'와 관련된 강연 자리를 마련하시고, 이번 책 『고난이 하는 일』까지 집필하게 되셨는지 계기가 궁금합니다.

코로나19가 발생하자, 교회에서 제일 먼저 나타난 반응은 '금방 지나가겠지'라는 순진한 낙관론이었습니다. 점점 상황이 악화되자 그다음 반응은 '우리가 잘못해서 벌을 받는 거다'라는 묵직한 심판론이 나왔어요. 악화된 상황이 멈출 기미가 안 보이자 이젠 어쩔 줄 몰라 하기 시작했습니다. 저는 이 '어쩔 줄 몰라 한다는 것'에 관심을 갖게 되었습니다. 낙관론도 이해하고 심판론도 이해하는데, 교회가 그 이상은 생각해 볼 차원과 영역이 없더라는 거죠.

그래서 이제 이와 비슷한 상황을 구약에서 찾아보자고 생각했습니다. 바로 '바빌론 포로'라는 사건과 '예레미야 선지자'라는 인물입니다. 바빌론 포로는 큰 사건임에도 불구하고 교회사 내내 설교에서 별로 자주 다루지 않았습니다. 비극적 이야기일 뿐 아니라 기분 나쁜 사건이거든요. 그리고 예레미야 선지자의 사역을 보면 정말 굉장해요. 그는 성공적인 사역을 못할 뿐 아니라, 자신을 싫어하는 사람들에게서 도망도 가지 못합니다. 하나님께 자신의 처지를 불평도 해 보았지만 이 또한 받아들여지지 않았습니다. 이 사건들은 이스라엘 곧 유다 왕국과 예레미야 선지자의 운명에 대한 이야기지만, 이것들이 오늘날 팬데믹 상황과 고스란히 겹쳐 보이기 시작했습니다. 그 와중에 톰 라이트(『하나님과 팬데믹』)와 월터 브루그만(『다시 춤추기 시작할 때까지』)의 책이 출간되어 읽어 보았습니다. 제가 그들의 책을 읽으며 공감한 것은 '모른다', '지나

보자', '쉽고 섣부르게 해결하려고 하지 말자'는 부분입니다. 이 부분이 제일 와 닿았어요. 그래서 저도 현재 이 팬데믹 상황을 기다리며 지켜보는 중입니다.

또한 '바빌론 포로'라는 역사를 통해서 알 수 있듯이, '하나님은 그 어떤 비극이나 절망도 유익한 쪽으로 쓰신다'는 것만은 알자고 마음을 먹었습니다. 그런데 팬데믹 관련 강연을 하다 보니까, 이 이야기를 두고두고 더 해야겠다는 생각이 들었습니다. 특히 목회자들에게 해야겠더라고요. 목회자들이 각 교회에서 어떤 마음과 태도를 가지느냐에 따라 성도들에게 직접적 영향을 끼칠 텐데, 그들이 좀더 성경적 이해와 낙관적 생각을 갖게 하고 싶었습니다.

한국 교회는 심판론이 강한 유산 속에 있습니다. 심판론을 이야기할 때 가장 쉬운 것은 잘하고 잘못한 것을 판정 내리는 것입니다. 그리고 그 해결책은 너무 순진합니다. 회개하는 것입니다. 이런 태도는 한국 교회에만 있는 것이 아니고 전 세계적으로 일어나는 역사적 현상입니다. 저는 지금의 사태와 관련하여 우리 개인이나 한국 교회만 생각하고 있는 것 자체가 너무 좁다는 생각이 들었습니다. 칼 바르트의 성화론에 대해 정리한 이정석 교수가 쓴 『하나님의 흔드심』(새물결플러스)이라는 제목처럼 전달하고 싶었습니다. '하나님이 역사에 대고 이야기하신다. 인류 전체에 대하여 진지하고 궁극적인 도전을 하고 계신다. 그 답은 세상은 알 길이 없다. 신자인 우리만 알 수 있다.' 이를 진지하게 받아들일 때라고 여겨집니다.

바빌론 포로가 궁극적으로 하나님의 뜻을 위해서, 그분의 백성들에게 일치된 운명과 승리를 위해서 만들어진 일이라는 낙관적 마음을 가져야 할 때라고 생각했고, 그 낙관이 아무래도 좋다는 것이 아니라 절망과 시험을 이기고 쉬운 해결책으로 도망가지 말자는 취지에서 강연 시간을 갖게 되었고, 이렇게 책을 내게 되었습니다.

이 책의 주요 인물인 예레미야 선지자처럼 오늘날 그리스도인은 유배지에서 살고 있다는 생각이 듭니다. 하나님의 사랑을 의심할 수 없지만 저주 아래 있는 듯 고통스러운 상황에 말입니다. 독자들이 책에서 특히 어떤 메시지에 주목하면 좋을까요?

요한복음 17장은 예수님이 하나님께 대제사장적 기도를 올린 내용입니다. 여기에 이런 예수님의 기도가 나옵니다.

> 아버지여, 아버지께서 내 안에, 내가 아버지 안에 있는 것같이 그들도 다 하나가 되어 우리 안에 있게 하사 세상으로 아버지께서 나를 보내신 것을 믿게 하옵소서. (요 17:21)

예수님이 부활 후 하늘로 올라가실 때에 제자들에게 "땅 끝까지 이르러 내 증인이 되리라"(행 1:8)라고 하십니다. 아버지와 아들이 하나인 것같이 아들과 제자들이 하나이고, 아버지가 아들을 보내신 것같이 아들이 제자들을 보내고, 그 제자들의 뒤를 이어 모든 성도가 예수의 제자라는 이름을 가집니다. '예수님과 하나인 것같이'라는 것은 우리에게 성육신을 가르칩니다. '성육신'이란 하나님이 인간을 구원하기 위해 인간의 현실에, 처지에 찾아오시는 것입니다. 임마누엘, 곧 "하나님이 우리와 함께 계시다"(마 1:23)입니다.

말하자면 구원은, 하나님이 그 아들을 이 세상에 보내셔서 그 아들로 인해 세상이 구원을 받은 것입니다. 이것이 바로 구원입니다. 아들은 이 땅에 성공할지 실패할지 모르는 일을 하시려고 오신 것이 아닙니다. 하나님은 그분의 의지로 이 세상을 창조하실 때 누구의 방해를 받으실 수 없었던 것처럼 구원에 있어서도 누구의 방해도 받지 않으시고, 누구의 방해를 받을 수도 없으신 그 아들을 보내십니다. 그 아들이 이 세상에 오셔서 그분을 알아보지 못하는 자들과 그분을 오해하는 자들 가운데서 그들 모두를 구원하신 것같이, 이 땅의 신자인 우리도 지금이라는 시간 속에서 하나님이 우리를 내 이웃과 사회에 보내셔서 그들과 모든 조건을 함께하게 하신다는 것을 기억해야 합니다.

예수님이 이 세상에 오셨을 때 이스라엘은 로마 제국의 식민지였고, 이스라엘 백성은 왜곡된 신앙관으로 예수님을 핍박했습니다. 이처럼 우리도 이 세상의 문화와 정신 가운데 왜곡된 신앙관과 적대감 속에서 살고 있습니다. 또한 하나님과 함께 있으면 기뻤을 우리가 죄악된 세상 속에서 겪는 모든 고난은, 바빌론 포로에서 선지자 예레미야가 겪었던 고난과 같습니다. 겉보기에 그는 이스라엘 백성을 회개하도록 이끌지 못할 만큼 선지자로서 실패했음에도 불구하고, 오히려 더 큰 구원을 만들어 내었습니다. 이를 통해 새 계명의 약속이 예레미야 31장에 나옵니다. 이처럼 우리의 생애가 그렇게 부름받았다는 낙관이 있었으면 합니다. '낙관'이라고 하기보다 '믿음'이라고 하는 것이 좋을 듯합니다. 낙관이라는 말을 쓰는 이유는 '겁내지 말라'는 이야기입니다. 겁을 먹으면 누구를 잡아서 그 겁을 해결하려고 합니다. 겁을 내서 누구를 희생양으로 삼거나 정치, 경제, 사회, 문화 등에서 공격해서 일종의 답을 내려는 유혹에 빠지지 말라는 것이 이번 책의 중심이라고 할 수 있습니다.

위드 코로나와 한국 교회

앞서 하신 목사님의 말씀이 손봉호 교수님의 '예언자적 비관주의'와 굉장히 유사하다는 생각이 들었는데요. 예언자적 비관주의가 아니라 결국 목사님이 이야기하시려는 것은 '예언자적 낙관주의'라고 표현해야 되는 건가라는 생각이 들었습니다. 그런 면에서 최근에 굉장히 많은 주목을 받고 있는 '복음의 공공성'에 대해 생각하게 됩니다. 복음의 공공성은 변혁을 전제하고 이야기하는 건데요. 복음의 공공성은 복음화와는 다른 차원이지 않습니까. 그런 면에서 목사님이 말씀하시는 것을 '예언자적 낙관주의'라고 표현할 수 있다면, '복음의 공공성'에서 전하는 메시지들과 차이가 있는 건가요? 아니면 같은 맥락에 있다고 할 수 있을까요?

다릅니다. 복음의 공공성에서 공감하는 부분은 우리가 동일한 콘텍스트에 있다는 점입니다. 그러나 텍스트는 아주 다릅니다. 텍스트가 서로 다른 이유는 가치나 방법론, 판단 기준에 있어서 다르기 때문입니다. 저는 그 다른 점을 복음의 공공성으로 이야기할 때마다 윤리적·도덕적 차원에서 다루어지는 것이 좀 미흡하다고 생각합니다. 기독교는 윤리·도덕보다 큰 것입니다.

제가 제일 크게 우려하는 점은 윤리나 도덕이나 명분이 공포로 간다는 점입니다. 기독교에서는 어느 것도 공포로 가면 안 됩니다. 사랑 안에서 두려움이 없어야 합니다. 복음의 공공성이 다르다는 것을 윤리나 도덕으로 묶으면 대접받을 것 같지만, 그다음에는 윤리나 도덕이 공격용 무기가 됩니다. 기독교는 원래 용서하는 종교이고 회복하는 종교입니다.

그렇다면, 어디에서 공공성이 나올까요? 하나님은 일상을 사는 콘텍스트에 있어서 동일한 조건 속에 있는 것으로 우리에게 책임을 주시고, 우리를 보내십니다. 우리는 거기서 달라야 합니다. 종교성이나 도덕성으로도 달라야 합니다만, 그걸로 답이 되었다고 생각하면 안 됩니다. 그것보다 좀더 분명히 달라야 합니다. 인간미가 달라야 하고, 기본적 운명과 현실적 처세에 있어서 낙관적이어야 합니다. 여기서 말하는 '낙관'은 세상이 말하는 '낙관'과는 다른 것입니다. '나는 죽어도 된다. 우리는 져도 된다'라는 낙관입니다. 이는 세상하고는 굉장히 맞지 않죠.

복음의 공공성은 세상이 이해할 만큼 '도덕성을 갖추라'고 하거나 '사회에 쓸모 있는 자가 되라'고 이야기합니다. 그러나 우리는 빛입니다. 빛은 '쓸모 있고 없고'라는 하나의 도구로 쓰이지 않습니다. 빛이 비치면 모든 것이 보입니다. 빛은 불과는 다릅니다. 불은 태우는 것이고, 빛은 보게 하는 것입니다. 신자나 교회가 공공성을 가지면 '인간이 무엇이고, 현실이 무엇이고, 운명이 무엇이고, 생명이 무엇이고, 진리가 무엇인지'

에 대한 어떤 도전들이 저절로 주어집니다. 저는 그런 공공성이 자꾸 도덕이나 윤리 위주로 가기 때문에 살짝 비틀고 있습니다. 그런 면에서 저의 낙관주의적 관점은 복음의 공공성이 전하는 메시지와 다릅니다.

팬데믹은 한국 교회의 민낯을 드러내는 분기점이 되었습니다. 한국 교회는 세상의 빛과 소금이기는커녕 시민 사회를 위협하는 공공의 적으로 그 존재론적 가치와 위치가 판명 났습니다. 이 시대에 교회의 존재 이유에 대해 다시 무엇인가를 묻지 않을 수 없습니다. 교회란 무엇입니까?

교회는 그 정체성을 이렇게 드러내야 합니다. 교회에는 '회복이 있고, 용서가 있고, 부활이 있으며, 진리가 있고, 성숙이 있고, 진정한 만족이 있다'고 나타나야 합니다. 밖으로 보이는 것이 아니라, 그 자체 안에 불빛이 더 강해져야죠.
    그런데 한국 교회 위기론이 나온 것은 조금 애매합니다. 제가 판단하기로는 상황이 점점 어려워지니까 사람들은 '교회가 뭔가 답이 있어야 하는 것이 아니냐?'라고 묻는 것이고, 교회는 '우리도 몰라'가 된 것입니다. 교회도 모릅니다. 교회도 '이게 뭐야?'라고 하고 있으니까 세상이 '너희가 모르면 어떡해?'라고 한 것입니다. 특별히 교회를 공격하려고 한 것은 아니라고 봅니다.

사실 교회는 별 관심이 없었습니다. 한국 교회는 부흥 시대를 겪으면서 다 배불러서 별생각 없다가 이제 생각을 하게 된 것입니다. 세상 사람들은 사회에서 열심히 살아 봤자 낙이 없는 현실에 대해서 불만을 가졌습니다. 그런데 사람들이 교회에 답이 있어야 한다고 할 때, 교회는 모른다고 한 거죠. 현실적 판세는 그렇게 되어 있습니다.

엄밀히 말하면, 교회는 세상 사람들의 요구에 아무 답도 해 줄 수 없습니다. 교회는 세상 사람들이 '예수 믿는 사람들은 다르다. 교회는 다르다. 필요하다'라고 느끼게 해 줄 수 있는 것은 별로 없습니다. 우리가 '너무 순진했고 무식했다'를 알아야 합니다. 이때에 '교회는 어떤 자세와 근거와 결정을 해야 되는가?'라고 스스로에게 묻고 나눌 수 있는 지점에 일단 와야 합니다.

이사야 6장 8-9절에 이렇게 나옵니다.

주께서 이르시되 '내가 누구를 보내며 누가 우리를 위하여 갈꼬?' 하시니, 그때에 내가 이르되 '내가 여기 있나이다. 나를 보내소서.' 여호와께서 이르시되 '가서 이 백성에게 이르기를 너희가 듣기는 들어도 깨닫지 못할 것이요, 보기는 보아도 알지 못하리라.'

그래도 하나님은 이사야 선지자에게 '가라'고 하셨습니다. 세상은 이렇게 교회를 제대로 알아주지 않습니다. 그러나 거기서 하나님이 일하십니다. 지금 우리가 공격받는 걸로 우리 자신을 돌아보는 것은 방법론을 찾는 것이 아닙니다. 교회가 무엇인지에 대해 스스로에게 질문하고 답을 해야 합니다. 그 답은 세상에 답하기 위해서가 아니라 우리가 누구인지 그 정체성을 확인하기 위해서입니다. 한국 교회는 이제껏 자신의 정체성을 '순교'와 '부흥'에서만 찾았습니다. 그러다가 이렇게 위기에 봉착했는데, 그 위기가 더 깊은 정체성을 찾을 계기가 된 것입니다.

기독교 정체성이 무엇일까요? 예수를 믿는 것입니다. 예수를 믿는다는 것은 무엇입니까? 거기에 은혜가 있고 부활이 있고 생명이 있고 사랑이 있고 용서가 있다는 점입니다. 누구든지 올 수 있습니다. 우리의 행복과 승리는 현실 세계를 감당하고 남습니다. 이러한 이야기를 해야 합니다. 그냥 세상이 교회에 대해서 "뭐하는 곳이냐?"고 물으면 다들 소스라쳐 놀라기만 했습니다. 대신 "원래 너희들은 교회가 뭔지 몰랐어. 지금도 모르고 있고 말해 줘도 몰라. 이제 와서 우리에게 모든 책임을 돌릴 필요 없어. 우리는 너희가 원하는 답을 줄 수 없어"라고 말은 할 수 없지만, 답을 말할 수 없는 상황을 묵묵히 인내하며 가고 있어야 합니다. 그리고 재정비를 해야죠. 아직까지 못했던 '도전'이고 '정체성 찾기'입니다.

제가 신학교를 다닐 때만 해도 한국 교회에 원서가 제대로 없었습니다. 유일한 신앙 서적은 안이숙 씨가 쓴 『죽으면 죽으리라』였습니다. 그리고 곧이어 워치만 니의 설교집이 생명의말씀사에서 나왔습니다. 당시 우리는 그의 책을 보고 은혜를 받고 놀랐습니다. 그런데 뭔가 이상했습니다. 그렇게는 신앙생활을 할 수 없었기 때문입니다. 기억에 남는 예화 하나가 있습니다.

어떤 농부가 산비탈 제일 꼭대기에 논농사를 지었습니다. 어느 해 여름에 가뭄이 들었습니다. 논농사는 물이 중요하니까 어쩌다 비가 오면 논밭의 물꼬를 막았답니다. 그런데 막아 놓은 물꼬를 아래쪽 논농사하는 사람이 터 놓더라는 겁니다. 물꼬를 텄으니 물이 다 빠지겠죠. 위쪽 논농사하는 사람이 자기는 예수 믿는 사람이라서 싸우지 않고 참고 다시 물꼬를 막았답니다. 그다음 날 자고 일어나 가 보면 또 물꼬가 열려 있더라는 겁니다. 그래서 기도를 했답니다. 하나님이 "네가 먼저 그 논에 물을 채워 놓고 네 논에 물을 채워라"고 답하셨답니다.

이 예화처럼 살 수 없습니다. 워치만 니의 책을 읽을 당시에는 이를 분별할 실력이 우리에게 없었습니다. 부흥 시기 전이니까 순교밖에 생각할 틈이 없었어요. 모두가 다 '나도 순교한다'고 했을 때입니다. 『죽으면 죽으리라』는 '나는 순교도 허락받지 못했다'고 쓴 책입니다. 죽으면 쉽습니다. 죽으면 끝이니까요.

쇼스타코비치의 유명한 작품을 소개하는 책 『시대의 소음』이 있습니다. 그 책에서 쇼스타코비치에 대해 이야기합니다. 쇼스타코비치는 소련 공산당 시절의 위대한 음악가이고 작곡가입니다. 당시 공화국은 그에게 체제 옹호 음악을 만들라고 합니다. 쇼스타코비치가 이에 대해 약간 비평적 글을 올렸더니 그의 가족을 모두 잡아간 것입니다. 결국 그는 공화국에 타협을 합니다. 그래서 그의 작품을 들으면 울분과 억울함이 속에 감춰져 있다는 겁니다. 그 책에 이런 내용이 나옵니다. "겁쟁이가 되기보다는 영웅이 되기가 훨씬 더 쉬웠다. 영웅이 되려면 잠시 용감해지기만 하면 되었다.…그러나 겁쟁이가 된다는 것은 평생토록 이어지게 될 길에 발을 들이는 것이었다"(227면)라고 표현했습니다.

우리는 순교를 너무나 크게 생각하고 말하지만, 순교 이야기는 절묘한 타이밍 외에는 얼마나 쓸모없는지 잘 모릅니다. 예전에 우리나라가 배구나 축구 국제 경기에 나가면, 삭발하고 혈서를 쓰고 출전했습니다. 실력은 없는데 이기기는 해야 하니 그랬습니다. 그렇게 출전해서는 왕창 깨지고 들어왔습니다. 밤낮 머리 깎고 혈서 쓰고만 있지 기술 개발이나 연구

등은 아예 없었습니다. 방법도 없고 이해도 없었습니다. 한국 교회도 밤낮 모여서 그것만 했습니다. 그러다가 부흥이 터졌습니다.

부흥이 터지자 아무것도 심지 않았는데 거두었거든요. 고(故) 조용기 목사님은 "난 기도원에 내 폐병을 낫게 해 달라고 기도하고 굶지 않게 해 달라고 기도했는데, 이렇게 부흥이 됐다"고 그랬어요. 그런데 다른 사람들이 이를 '아니, 굶지 않게 기도해서 1백만 명이 모였는데, 부흥을 달라고 기도하면 1천만 명을 주실 것 아니냐'라며 갖다 인용했어요. 그 부흥은 심지도 않은 것을 거둔 것이었습니다. 거기에서 딱 끝났습니다. 그리고 부흥이 없으면 안 된다는 생각으로부터 헤어 나와야 합니다. 이제 하나님은 우리에게 많은 수가 모이는 것에 열광하는 게 아니라, 더 깊어져야 한다고 요구하십니다.

하나님은 이스라엘을 바빌론에 보냄으로 왕족을 멸하시고 성전을 무너뜨리십니다. 성전이 무너져 제사를 드릴 수 없게 되었습니다. 하나님은 어떻게 해야 할지 모르는 상황과 더 이상 방법이 남아 있지 않은 그 참담하고 혼란한 현실을 이스라엘 백성에게 겪게 하셨습니다. 지금 우리도 겪어야 합니다.

교회란 무엇일까요? 모두가 그 복음의 공공성을 알아볼 수 있게 했다면, 벌써 천국이 왔죠. 그러나 하나님은 그렇게 안 하시겠답니다. 우리에게 '고생하라'고 하시고, '지라'고 하시고, '망하라'고 하십니다. 그리고 '견디라'고 하십니다.

'회개하면 되는데 왜 회개를 하지 않느냐?'고 물을 만큼 그렇게 간단한 문제가 아닙니다. 회개를 하면 잘못을 버리고 새로운 것으로 나아가야 하는데, 새로운 것이 한국 교회에 없는데 무엇을 회개합니까? 잘못했다가 전부인데, 어디로 가야 합니까? 이 문제를 논해야 합니다. 이는 지난 2천 년 기독교 역사에 많이 녹아 있는 문제입니다. 한국 교회는 그런 문제에 아무 관심도 없고 그런 실력도 없습니다. 그러나 그걸 겪어야 합니다. 이스라엘 백성이 못난 왕들을 겪어야 했듯이 말이죠. 하박국 선지자가 하나님께 '우리는 뭡니까? 왜 우리까지 고생해야 합니까?'라고 묻자, 하나님이 "의인은 그의 믿음으로 말미암아 살리라"(합 2:4)라고 말씀하십니다. 우리는 그런 것을 해야 합니다. 한국 교회가 당연히 겪어야 합니다.

여기서 답을 내놓을 수 있다고 이야기할 수 있는 사람은 없습니다. 겪고 어떻게 되나 봅시다. 망하는지 안 망하는지, 살 길이 열리나 안 열리나 보십시다. 이걸 낙관론이라고 이야기하는 게 되게 웃기지 않나요? 그러나 이것이 낙관론입니다. 세상이 아는 낙관론은 자기들이 아는 낙관론이죠. 기독교가 말하는 낙관은 하나님과 그분의 사랑하는 백성들이 다 승리하는 것을 믿는 것입니다. 어려움을 당하면 그만큼 이익을 보는 게 낙관론입니다. 어떻게 보면 비관주의적 낙관론이라고 할 수 있습니다. 현실은 비관적이고 결론은 낙관적이니까요.

일상은 하나님이 시간과 공간을 통해 우리에게 질문하시는 곳이며, 오늘이라는 일상을 어떻게 살아내느냐 하는 싸움을 하는 게 신앙이라는 메시지를 오랫동안 전하셨습니다. 그러나 팬데믹 이후 우리는 전과 같은 일상으로 돌아갈 수 없습니다. 비상이 일상이 되어 버린 오늘이라는 현실, 일상을 어떻게 살아야 할까요?

자기 자신에게 궁극적 질문을 하면 좋겠어요. 결국 다 죽는 건데, '죽기 전까지 사는 인생을 어떻게 살아야 할 것인가?'와 같은 질문을 스스로에게 던지면 좋겠습니다. 사람들은 보통 자신이 죽는 걸 다 알고 있습니다. 하지만 일상에서는 죽음에 대해 생각하지 않고 살아도 좋다고 여깁니다. 돌연히 사고가 일어나지 않으면 얼마 동안 살 수 있기 때문입니다. 그러나 지금은 위기가 닥친 비상 상황이 되었습니다. 코로나19에 걸리면 치명적 고통을 겪기도 하고 죽을 수도 있기 때문입니다.

위기가 왔을 때, 어차피 죽을 인생이라며 항상 저 멀리 밀어 놓거나 감춰 놓고 생각을 하지 않았습니다. 평상시에 생각하지 않았던 질문을 해야 합니다. '살아 있는 동안 어떻게 사는 게 좋은지, 기회가 있으면 무엇을 하고 싶은지, 죽으면 어떻게 되는 건지?' 등등. 이러한 질문은 신자든 비신자든 누구나 스스로에게 물어야 합니다. 신자는 마땅히 더 나아갈 데가 얼마든지 있는데, 못 나가고 있었죠.

한국 교회는 여태껏 쉽게 살았습니다. 부흥 시기에는 돈으로 다 메꾸었습니다. 심한 표현일 수 있습니다만 선교, 전도, 봉사도 다 돈으로 하고 싶은 만큼 했습니다. 이젠 다 막혔고, 끝났습니다. 그때 한 것이 아무 소용 없다고 생각하지는 않습니다. 그러나 지금처럼 아무것도 할 수 없을 때에는 신자의 삶이 무엇이고, 존속되는 하루라는 것이 어떤 가치가 있는지 물어야 합니다.

인생을 살면서 통쾌하게 웃을 수 있는 기회야 드물지만, 사실 우리만이 웃을 수 있습니다. 우리가 웃을 수 있다는 것은 우리가 져도 되고 망해도 되나, 실패할 수 없는 하나님의 사랑을 받는 존재라는 것이고 이 현실적 답을 새삼스럽게 확인해야 합니다. 저 멀리 플래카드처럼 걸려 있지 실제로는 그렇게 살고 있지 않습니다. 그래서 물어야 합니다. 공포와 불안 속에 있는 것은 우리의 신앙들과 강조점들이 너무 현실과 떨어져 있기 때문입니다.

우리는 '메멘토 모리'(Memento mori) 곧 '자신이 죽는다는 것을 기억하라'는 말을 주로 공감하는 데 써 먹었습니다. '사람들이 죽으면 어디로 가는가?'를 자신의 말을 듣게 하기 위해 어떤 강요를 하거나 붙잡아 두려는 의도로 사용했습니다.

자신이 직접 확인하고 이해하지 않은 것은 다 필요 없습니다. 모든 사람이 하나님을 직접 만나야 하듯이, 스스로 하나님의 사람으로 거듭나야 합니다. 누구를 붙잡고 가는 것은 안 됩니다.

'침 삼킬 동안도 놓지 아니하시는 하나님'이라는 욥의 고백을 좋아하시는 걸로 압니다(욥 7:19). '고통을 주되 마취를 안 하고 복기하게 만드는 하나님'이라는 목사님의 독특한 신관은 개인의 신앙을 다시 보게 만드는, 어렵지만 중요한 개념입니다. 하지만 지금 같은 개인과 교회를 넘어 사회 전체가 겪고 있는 팬데믹 상황에 이를 적용하는 것은 매우 조심스럽습니다. 이를 어떻게 적용하는 게 좋을까요?

적용점을 소개 못합니다. 우리는 신앙과 이해 가운데 삽니다. 설명을 해서 열매를 맺는 것이 아닙니다. 그냥 사는 겁니다. 일상은 매일 그렇게 살기 때문에 중요합니다. 우리와 부딪히는 사람들이 자기도 모르는 새, 우리를 보고 그들이 도전을 받고 그들의 마음 문이 열리기도 합니다. 이것이 성경에서 말하는 전도입니다.

그동안 제가 많이 쓴 반문 가운데 이런 것이 있습니다. "목사님은 왜 저에게 교회 가라고 하지 않으세요?" "너 같은 건 필요 없어서 그래." 무슨 뜻인 줄 아시겠죠. '믿어 주겠다'는 태도는 꼴 보기 싫습니다. 하나님께 '믿어 드릴게요'라고 하는 것은 그분에 대한 굉장한 모독입니다. 자신이 주님을 믿는 게 정말 감사해야죠. 우리는 예수를 믿는다고 하면서 '넌 안 믿었으니까 지옥에나 가'라는 말은 하지 않습니다. 더불어 '믿어 주면 고맙겠어'라는 말도 하지 않습니다. 그렇게 말할 필요는 없습니다.

빛과 소금으로서의 존재론적 가치를 가지고 하나님 나라의 백성으로 사는 것, 교회의 변혁이 아니라 교회가 교회 되는 것이 중요하다고 봅니다. '위드 코로나'를 전제해야 하는 시국에 신실한 하나님 나라 백성으로서의 교회가 어떤 자세를 취해야 하며, 한국 교회가 처한 이 상황에 어떻게 반응해야 할까요?

교회가 교회 되는 데 커다란 걸림돌은 세상의 잣대가 교회에 많이 사용되고 있다는 점입니다. 교회가 맨 먼저 모든 사람을 동등하게 차별 없이 취급해 줘야 합니다. '차별 없이'라는 것이 굉장히 어렵습니다. 배운 것, 가진 것, 높은 것이 언제나 교회에서 발언을 합니다. 이를 넘어서야 합니다.

    교회는 분명히 모든 사람을 존중해야 합니다. 예수 안에서 모두가 '평등하다' '복되다'는 것을 인정해야 합니다. 그런데 이것이 잘 안 됩니다. 이상하게 교회는 신앙 좋은 사람보다 사회적 지위가 우선합니다. 모든 사람을 동등한 가치로 대한다는 것은 예수님이 우리 모두를 위해서 왔다는 것이고, 하나님 아버지의 영광이 예수의 죽음으로 드러난다는 것을 증언하는 첫 번째 방법임에도 불구하고 잘 되지 않습니다. 이를 넘어서야 하는데, 불가능할 것 같습니다. 그래도 그렇다는 걸 알고 있어야 합니다. 알고 있으면 소수라도 사회적 지위와 빈부를 떠난 교제를 할 수 있습니다. 하지만 대부분의 경우는 유유상종에 그칩니다. 결국 기득권에 불과합니다. 거기가 제일 먼저 깨져야 합니다.

재정이 투명하다거나 도덕성이 높다는 것은 교회에서 따지는 문제 가운데 가장 후순위입니다. 그런데 재정의 투명성과 도덕성이 제일 높은 순위에 올라와 있습니다. 순교 시대를 산 우리 선조들은 순교도 도덕으로 했더라고요. 더 치열하고 청렴하게 살아야 했습니다. 순교가 일종의 결단과 같았습니다. 그래야 인정을 받았고 스스로도 만족을 했습니다. 그러다가 부흥 시대가 되자 부(富)가 능력이 되고 성공이 되고 승리가 되었습니다. 우리는 하나님이 뿌리지 않은 열매를 만든다는 것을 봤습니다. 그런데 거기까지만 봐야 했습니다. '더 심으면 더 난다'는 공식으로 가지 말아야 하는데, '더 하면 더 주실 수 있다'까지 갔습니다.

저도 기도할 게 많아서 여러 번 기도원에 다녔습니다. 어느 날 기도원에 갔는데, 누가 뒤에서 저를 와락 껴안으면서 "아니, 목사님이 기도원에는 웬일이세요?"라고 하는 겁니다. "넌 누구냐?"라고 물었더니 신학교 제자래요. 그래서 "왜 왔겠냐, 기도하러 왔지"라고 했죠. 그랬더니 그 제자가 "목사님같이 유명하신 분이 뭐가 기도할 게 있으세요"라고 하더군요. 유명하면 기도할 게 없나요? 건강하면 기도할 게 없나요? 우리는 영적 도전 속에 늘 살고 있는데 말이죠. 예수님도 "머리 둘 곳이 없다"(마 8:20; 참고. 눅 9:58)라고 하셨잖아요. 고통과 괴로움을 미화하자는 게 아닙니다. 하루를 버티는 데 얼마나 많은 신앙의 노력이 필요합니까. 정말 전투죠. 그런 것들이 없어졌습니다.

작은 교회 목사들은 성도들이 '목사님은 왜 부흥을 못 시키세요?'라고 항의를 하면 심신이 힘들다고 합니다. 목사가 부흥을 어떻게 시켜요? 부흥은 하나님이 주시는 겁니다. 그런데 이런 이상한 방법론이 생겼습니다. 그런 식으로 사회적 문제를 교회에 떠미는 것은 번지수가 잘못된 것입니다. 사회적 문제는 민도(民度)가 낮아서 생기는 문제입니다. 사회적 문제를 해결하기 위해서는 일단 국회의원을 잘 뽑아야 합니다. 정치를 잘해야죠. 목회자는 그쪽을 잘 모릅니다. 링컨을 부활시켜서 데려오든지 어떻게 해서든 정치를 잘하면 됩니다. 그리고 민도가 낮으면 소용이 없습니다.

교회도 민도가 낮습니다. 그런데 스스로 민도가 낮다고는 안 믿습니다. 공부는 치열하게 했거든요. 아무 쓸데 없는 공부를 말이죠. 우리가 영어를 10년 동안 열심히 공부했는데, '헬로'(Hello) 다음을 말할 수가 없습니다. 이처럼 기독교 신앙도 민도가 낮습니다. 더 나아가기 위해 고민해야 할 것과 무식한 것이 구별되지 않습니다. 지금은 이를 분별하고 안내하고 순종하는 안목을 여는 훈련을 해야 할 때입니다.

인터뷰: IVP 정지영 기획주간

정리: 이성민 목사

고난이 하는 일

초판 발행_ 2021년 11월 5일
초판 5쇄_ 2023년 9월 5일

지은이_ 박영선
펴낸이_ 정모세

펴낸곳_ 한국기독학생회출판부
등록번호_ 제2001-000198호(1978.6.1)
주소_ 04031 서울시 마포구 동교로 156-10
대표 전화_ (02)337-2257 팩스_ (02)337-2258
영업 전화_ (02)338-2282 팩스_ 080-915-1515
홈페이지_ http://www.ivp.co.kr 이메일_ ivp@ivp.co.kr
ISBN 978-89-328-1875-7

ⓒ 박영선 2021

책값은 뒤표지에 있습니다.
무단 전재와 복제를 금합니다.